coleção
RESUMOS

RESUMO DE PROCESSO PENAL

COLEÇÃO RESUMOS DA MALHEIROS EDITORES
(Volumes 1 a 12, Autores:
MAXIMILIANUS CLÁUDIO AMÉRICO FÜHRER
e MAXIMILIANO ROBERTO ERNESTO FÜHRER)

Resumo 1 – Direito Comercial (Empresarial), 46ª ed., 2017.
Resumo 2 – Obrigações e Contratos (Civis, Empresariais, Consumidor), 31ª ed., 2015.
Resumo 3 – Direito Civil, 43ª ed., 2017.
Resumo 4 – Processo Civil, 42ª ed., 2017.
Resumo 5 – Direito Penal (Parte Geral), 36ª ed., 2017.
Resumo 6 – Processo Penal, 30ª ed., 2017.
Resumo 7 – Direito Administrativo, 29ª ed., 2016.
Resumo 8 – Direito Tributário, 26ª ed., 2017.
Resumo 9 – Direito do Trabalho, 26ª ed., 2016.
Resumo 10 – Direito Constitucional, 20ª ed., 2017.
Resumo 11 – Direito Penal (Parte Especial), 11ª ed., 2015.
Resumo 12 – Dicionário Jurídico, 3ª ed., 2010.
Resumo 13 – Direito do Consumidor, 2015 (Autores: MAXIMILIANO ROBERTO ERNESTO FÜHRER e MARÍLIA STEPHANE CAMPOS FÜHRER).

Outras Obras de
MAXIMILIANUS CLÁUDIO AMÉRICO FÜHRER

Crimes Falimentares, Ed. RT, 1972.
Manual de Direito Público e Privado, em coautoria com Édis Milaré, 17ª ed., Ed. RT, 2009.
Roteiro das Recuperações e Falências, 21ª ed., Ed. RT, 2008.
Tradução de aforismos de vários pensadores: *Revista dos Tribunais* (período 1975/1976).
Artigos: "O homicídio passional", *RT* 392/32; "O elemento subjetivo nas infrações penais de mera conduta", *RT* 452/292; "Como aplicar as leis uniformes de Genebra", *RT* 524/292; "O elemento subjetivo no Anteprojeto do Código das Contravenções Penais – Confronto com a legislação em vigor", *RT* 451/501; "Quadro Geral das Penas", *RT* 611/309.

Outras obras, pela Malheiros Editores,
de MAXIMILIANO ROBERTO ERNESTO FÜHRER

Código Penal Comentado, 3ª ed., 2010 (com MAXIMILIANUS CLÁUDIO AMÉRICO FÜHRER).
Curso de Direito Penal Tributário Brasileiro, 2010.
História do Direito Penal, 2005.
A Nova Prisão e as Novas Medidas Cautelares no Processo Penal, 2011.
Novos Crimes Sexuais, 2009.
A Reforma do Código de Processo Penal, 2008.
Tratado da Inimputabilidade no Direito Penal, 2000.

**MAXIMILIANUS CLÁUDIO AMÉRICO FÜHRER
MAXIMILIANO ROBERTO ERNESTO FÜHRER**

RESUMO DE PROCESSO PENAL

*30ª edição,
revista e atualizada*

RESUMO DE PROCESSO PENAL
© MAXIMILIANUS CLÁUDIO AMÉRICO FÜHRER
MAXIMILIANO ROBERTO ERNESTO FÜHRER

1ª ed., 04.1995; 2ª ed., 08.1995; 3ª ed., 01.1996; 4ª ed., 05.1996; 5ª ed., 01.1997;
6ª ed., 04.1997; 7ª ed., 01.1998; 8ª ed., 04.1998; 9ª ed., 08.1998;
10ª ed., 01.1999; 11ª ed., 01.2000; 12ª ed., 08.2000; 13ª ed., 01.2001;
14ª ed., 08.2001; 15ª ed., 01.2002; 16ª ed., 08.2002; 17ª ed., 01.2003;
18ª ed., 10.2003; 19ª ed., 01.2004; 20ª ed., 03.2005; 21ª ed., 02.2006;
22ª ed., 01.2007; 23ª ed., 04.2008; 24ª ed., 08.2009; 25ª ed., 03.2010;
26ª ed., 03.2011; 27ª ed., 04.2012; 28ª ed., 01.2014; 29ª ed., 06.2015.

Direitos reservados desta edição por
MALHEIROS EDITORES LTDA.
Rua Paes de Araújo, 29, conjunto 171
CEP 04531-940 – São Paulo – SP
Tel.: (11) 3078-7205 – Fax: (11) 3168-5495
URL: www.malheiroseditores.com.br
e-mail: malheiroseditores@terra.com.br

Composição: PC Editorial Ltda.
Capa
Criação: Cilo
Arte: PC Editorial Ltda.

Impresso no Brasil
Printed in Brazil
09.2017

Dados Internacionais de Catalogação na Publicação (CIP)

F959r	Führer, Maximilianus Cláudio Américo.
	    Resumo de processo penal / Maximilianus Cláudio Américo Führer, Maximiliano Roberto Ernesto Führer. – 30. ed., rev. e atual. – São Paulo : Malheiros, 2017.
	    160 p. ; 21 cm. – (Coleção Resumos ; 6)
	
	    Inclui bibliografia e índice.
	    ISBN 978-85-392-0391-8
	
	    1. Processo penal - Brasil - Sínteses, compêndios, etc. I. Führer, Maximiliano Roberto Ernesto. II. Título. II. Série.
	
	    CDU 343.1(81)
	    CDD 345.8105

Índice para catálogo sistemático:
1. Direito penal: Brasil 343.1(81)

(Bibliotecária responsável: Sabrina Leal Araujo – CRB 10/1507)

SUMÁRIO

Abreviaturas 11

CAPÍTULO I – PARTE GERAL

1. Direito processual penal 14
2. Leis processuais brasileiras 14
3. Sistemas processuais 15
4. Interpretação da lei processual penal 15
5. Princípios do processo penal 15
6. Prazos
       6.1 *Espécies de prazos* 16
       6.2 *Contagem de prazos* 17
           Fluência do prazo 17
           Término do prazo em dias 18
           Férias forenses 18
7. Preclusão 18
8. O inquérito policial 19
9. Ação penal 22
10. A denúncia 22
11. A queixa 23
        Princípio da indivisibilidade 23
        Perempção 23
        Decadência do direito de queixa ou de representação 23
        Renúncia ao direito de queixa ou de representação 24
12. Ação civil 24
13. Competência 24
        13.1 *Critérios gerais de competência* 25
            13.1.1 Competência em razão do território (*ratione loci*) 25
            13.1.2 Competência em razão da matéria (*ratione materiæ*) 25
            13.1.3 Competência em razão da pessoa (*ratione personæ*) 27
            13.1.4 Competência funcional 27
        13.2 *Critérios suplementares de competência* 27
            13.2.1 Competência por conexão 27
            13.2.2 Competência por continência 28
            13.2.3 Competência por prevenção 28
        13.3 *Exceção de incompetência* 28

13.4 Conflito de competência ... 29
14. Questões prejudiciais ... 30
15. Exceções ... 31
   15.1 Procedimento das exceções ... 32
16. Restituição de coisas apreendidas ... 32
17. Medidas assecuratórias ... 32
18. Insanidade mental do acusado ... 33
19. Prova ... 33
   Classificação das provas ... 34
   19.1 Exame de corpo de delito ... 35
   19.2 Interrogatório ... 36
   19.3 Confissão ... 36
   19.4 Perguntas ao ofendido ... 37
   19.5 Testemunhas ... 37
   19.6 Reconhecimento de pessoas e coisas ... 39
   19.7 Acareação ... 39
   19.8 Documentos ... 40
   19.9 Indícios ... 40
   19.10 Presunções ... 41
   19.11 Busca e apreensão ... 42
   19.12 Organizações criminosas ... 42
      19.12.1 Colaboração premiada ... 43
      19.12.2 Ação controlada ... 44
      19.12.3 Infiltração de agentes ... 44
      19.12.4 Acesso a informações sigilosas ... 44
20. Do juiz ... 45
   20.1 Impedimento e suspeição ... 45
21. O Ministério Público ... 46
22. O acusado e seu defensor ... 47
23. Dos assistentes ... 47
24. Prisão provisória ... 48
   Mandado de prisão e sua execução ... 49
   O momento da prisão ... 50
   Uso de força e recolhimento do preso ... 50
   Prisão especial ... 50
   24.1 Prisão em flagrante ... 50
      Tipos de flagrante ... 51
      Questões especiais ... 52
      Flagrante obrigatório e facultativo ... 53
      Auto de prisão em flagrante ... 53
   24.1-A Audiência de custódia ... 54
   24.2 Prisão preventiva ... 55
      Pressupostos ... 55
      Fundamentos ... 55
      Condições de admissibilidade ... 56
      Liberdade provisória e prisão preventiva ... 56

SUMÁRIO

Decretação, revogação e nova decretação 56
Recursos 57
Prazo da prisão preventiva 57
Prisão preventiva domiciliar 57
Advogado 57
24.3 Prisão administrativa 58
24.4 Prisão temporária 58
Cabimento 58
Procedimento 60
25. Medidas cautelares alternativas 60
26. Liberdade provisória 64
27. Fiança 64
27.1 Infrações inafiançáveis 64
27.2 Arbitramento e valor da fiança 64
27.3 Reforço, perda, quebramento e cassação da fiança 65
28. A citação 66
Casos especiais 66
29. A intimação 67
30. A revelia 68
31. Sentença 68
31.1 Reclassificação do delito: "emendatio" e "mutatio libelli" 70
32. Das nulidades 71
32.1 O duplo significado de "saneamento" 71
32.2 A mera irregularidade 72
32.3 A nulidade relativa 72
32.4 Circunstâncias impeditivas 73
32.5 A anulabilidade 73
32.6 A nulidade absoluta 73
32.7 Ato inexistente 74
32.8 Nulidade do ato e nulidade do processo 74
Quadro geral das nulidades 74
32.9 Regras especiais referentes às nulidades
Nulidade da citação 75
Nulidade por incompetência do juízo 75
Ilegitimidade do representante da parte 75
Omissões da denúncia ou da queixa e da representação 75
Intimação ou notificação 76
33. Recursos. Parte geral 76
33.1 Pressupostos recursais objetivos 76
33.1.1 Previsão legal 76
33.1.2 Forma legal 76
33.1.3 Tempestividade 77
33.2 Pressupostos recursais subjetivos 77
33.2.1 Legitimidade 77
33.2.2 Interesse 78
33.3 Juízo de admissibilidade 78

33.4 Classificação dos recursos	79
33.4.1 A questão da permanência do recurso de ofício	79
33.5 Efeitos dos recursos	80
33.6 Extinção dos recursos	81
34. Recurso em sentido estrito	82
Observação sobre o cabimento do recurso em sentido estrito	83
35. Apelação	84
Cabimento da apelação	84
Prazo e processamento da apelação	84
35.1 Particularidades da apelação no Júri	85
35.2 A apelação na jurisprudência	86
Interposição verbal, no Júri	87
Extensão da apelação	87
Razões de apelação fora de prazo	87
Ausência de razões	87
Interposição pelo Ministério Público em favor do réu	87
Interposição pelo Ministério Público em ação privada	88
36. Embargos de declaração	88
37. Embargos infringentes e de nulidade	89
38. Agravos no processo penal	90
39. Revisão criminal	91
40. Recurso extraordinário	92
41. Recurso especial	93
42. Disposições comuns aos recursos extraordinário e especial	93
43. Carta testemunhável	94
44. "Habeas corpus"	96
Espécies e pedido liminar	96
Aplicação do "habeas corpus"	97
Competência	97
Partes	97
Procedimento	98
Recursos	98
45. Recurso ordinário constitucional (ROC)	99
46. Mandado de segurança no crime	100
47. Correição parcial ou reclamação	101

CAPÍTULO II – PROCEDIMENTOS DO CÓDIGO DE PROCESSO PENAL

1. Processo e procedimento	102
2. Espécies de procedimento	102
3. Procedimento comum ordinário	103
4. Procedimento comum sumário	105
5. Procedimento comum sumaríssimo	105
Esquema do procedimento comum ordinário	106
6. A suspensão condicional do processo	107

Esquema da suspensão condicional do processo 108
7. Observações importantes sobre o procedimento penal 108
8. O Júri 109
    8.1 Organização do Júri 110
    8.2 Funcionamento do Júri. Instrução preliminar 110
    8.3 Funcionamento do Júri. Preparação para o plenário 111
    8.4 Funcionamento do Júri. Julgamento em plenário 111
    8.5 Desaforamento 114
    8.6 Observações especiais sobre o procedimento do Júri (arts. 406 a 497) 114
Esquema da organização do Júri 116
Esquema do funcionamento do Júri 117
9. Crimes de responsabilidade dos funcionários públicos 118
10. Crimes contra a honra 118
    10.1 Procedimento 119
Esquema do procedimento dos crimes contra a honra 122
11. Crimes contra a propriedade imaterial 123
Esquema da ação penal privada 125

CAPÍTULO III – PROCEDIMENTOS DE LEIS ESPECIAIS

1. Drogas 126
    1.1 Procedimento/Usuários 127
    1.2 Procedimento/Traficantes 127
Esquema do procedimento da Lei de Drogas 128
2. Processos de competência originária dos tribunais 129
    Procedimento 129
3. Contravenção do jogo do bicho 130
    Procedimento 130
Esquema do procedimento da contravenção do jogo do bicho 131
4. Abuso de autoridade 132
    Ação penal 132
    Procedimento 133
Esquema do procedimento do abuso de autoridade 134
5. Crimes contra a economia popular 135
    Competência 135
    Procedimento 136
    O recurso de ofício 136
    A Lei 8.137, de 27.12.90 136
6. Juizados Especializados de Violência Doméstica e Familiar Contra a Mulher (Lei Maria da Penha) 137
    Competência 137
    Sujeito ativo 137
    Configuração da violência 137
    Procedimento 138
    Representação, desnecessidade 138

Jurisprudência 138

CAPÍTULO IV – O JUIZADO ESPECIAL CRIMINAL

1. Competência 139
2. Do juiz, dos conciliadores e dos juízes leigos 140
3. Procedimento 140
   3.1 Fase policial 141
   3.2 Fase preliminar ou conciliatória 141
   3.3 Fase do procedimento sumaríssimo 142
   3.4 A audiência de instrução e julgamento 144
   3.5 Recursos 145
       3.5.1 Apelação 145
       3.5.2 Embargos de declaração 145
4. Execução cível de sentença penal 146
5. Prisão em flagrante e fiança 146
6. Simplificação das fórmulas 146
7. Princípio da oportunidade 146
8. Lesões corporais leves e lesões culposas 147
9. Iniciativa das propostas de pena alternativa e de suspensão condicional do processo 147
10. Juizado Especial Federal 148
Esquema do Juizado Especial Criminal – Ação Penal Pública 150

CAPÍTULO V – O PROCESSO ELETRÔNICO

Lei 11.419, de 19.12.2006 150

BIBLIOGRAFIA 151

ÍNDICE ALFABÉTICO-REMISSIVO 155

ABREVIATURAS

CC	– Código Civil
CF	– Constituição Federal
CP	– Código Penal
CPC	– Código de Processo Civil
CPM	– Código Penal Militar
CPP	– Código de Processo Penal
CPPM	– Código de Processo Penal Militar
D	– Decreto
DJU	– *Diário da Justiça da União*
DL	– Decreto-lei
ECOJEC	– Encontro de Coordenadores de Juizados Especiais Cíveis e Criminais do Brasil
JB	– *Jurisprudência Brasileira*
JC	– *Jurisprudência Catarinense*
JM	– *Jurisprudência Mineira*
JSTJ	– *Jurisprudência do Superior Tribunal de Justiça e Tribunais Regionais Federais*
JTACrimSP	– *Julgados do Tribunal de Alçada Criminal de São Paulo*
JTJ	– *Jurisprudência do Tribunal de Justiça* (SP)
IOB	– *Informações Objetivas*
L	– Lei
LC	– Lei Complementar
LCP	– Lei das Contravenções Penais
LEP	– Lei de Execução Penal
PJ	– *Paraná Judiciário*
RF	– Revista Forense
RISTF	– Regimento Interno do Supremo Tribunal Federal
RJ	– *Revista Jurídica*
RJDTACrimSP	– *Revista de Julgados e Doutrina do Tribunal de Alçada Criminal de São Paulo*
RJTACrimSP	– *Revista de Julgados do Tribunal de Alçada Criminal do Estado de São Paulo*
RJTJRJ	– *Revista de Jurisprudência do Tribunal de Justiça do Rio de Janeiro*
RJTJSP	– *Revista de Jurisprudência do Tribunal de Justiça de São Paulo*
RP	– *Revista de Processo*
RSTJ	– *Revista do Superior Tribunal de Justiça*
RT	– *Revista dos Tribunais*
RTJ	– *Revista Trimestral de Jurisprudência*
RTJE	– *Revista Trimestral de Jurisprudência dos Estados*
RTJPA	– *Revista do Tribunal de Justiça do Pará*
STF	– Supremo Tribunal Federal
STJ	– Superior Tribunal de Justiça
STM	– Superior Tribunal Militar

PROTEJA OS ANIMAIS.
ELES NÃO FALAM MAS SENTEM
E SOFREM COMO VOCÊ.

(De uma mensagem
da União Internacional Protetora dos Animais)

CONTATO

As mensagens podem ser enviadas para *malheiroseditores@terra.com.br* ou pelo fax: (11) 3168-5495.

Capítulo I

PARTE GERAL

1. Direito processual penal. 2. Leis processuais brasileiras. 3. Sistemas processuais. 4. Interpretação da lei processual penal. 5. Princípios do processo penal. 6. Prazos: 6.1 Espécies de prazos – 6.2 Contagem de prazos. 7. Preclusão. 8. O inquérito policial. 9. Ação penal. 10. A denúncia. 11. A queixa. 12. Ação civil. 13. Competência: 13.1 Critérios gerais de competência: 13.1.1 Competência em razão do território ("ratione loci") – 13.1.2 Competência em razão da matéria ("ratione materiæ") – 13.1.3 Competência em razão da pessoa ("ratione personæ") – 13.1.4 Competência funcional – 13.2 Critérios suplementares de competência: 13.2.1 Competência por conexão – 13.2.2 Competência por continência – 13.2.3 Competência por prevenção – 13.3 Exceção de incompetência – 13.4 Conflito de competência. 14. Questões prejudiciais. 15. Exceções: 15.1 Procedimento das exceções. 16. Restituição de coisas apreendidas. 17. Medidas assecuratórias. 18. Insanidade mental do acusado. 19. Prova: 19.1 Exame de corpo de delito – 19.2 Interrogatório – 19.3 Confissão – 19.4 Perguntas ao ofendido – 19.5 Testemunhas – 19.6 Reconhecimento de pessoas e coisas – 19.7 Acareação – 19.8 Documentos – 19.9 Indícios – 19.10 Presunções – 19.11 Busca e apreensão – 19.12 Organizações criminosas: 19.12.1 Colaboração premiada – 19.12.2 Ação controlada – 19.12.3 Infiltração de agentes – 19.12.4 Acesso a informações sigilosas. 20. Do juiz: 20.1 Impedimento e suspeição. 21. O Ministério Público. 22. O acusado e seu defensor. 23. Dos assistentes. 24. Prisão provisória: 24.1 Prisão em flagrante – 24.1A Audiência de custódia – 24.2 Prisão preventiva – 24.3 Prisão administrativa – 24.4 Prisão temporária. 25. Medidas cautelares alternativas. 26. Liberdade provisória. 27. Fiança: 27.1 Infrações inafiançáveis – 27.2 Arbitramento e valor da fiança – 27.3 Reforço, perda, quebramento e cassação da fiança. 28. A citação. 29. A intimação. 30. A revelia. 31. Sentença: 31.1 Reclassificação do delito: "emendatio" e "mutatio libelli". 32. Das nulidades: 32.1 O duplo significado de "saneamento" – 32.2 A mera irregularidade – 32.3 A nulidade relativa – 32.4 Circunstâncias impeditivas – 32.5 A anulabilidade – 32.6 A nulidade absoluta – 32.7 Ato inexistente – 32.8 Nulidade do ato e nulidade do processo – 32.9 Regras especiais referentes às nulidades. 33. Recursos. Parte geral: 33.1 Pressupostos recursais objetivos: 33.1.1 Previsão legal –

33.1.2 Forma legal – 33.1.3 Tempestividade – 33.2 Pressupostos recursais subjetivos: 33.2.1 Legitimidade – 33.2.2 Interesse – 33.3 Juízo de admissibilidade – 33.4 Classificação dos recursos: 33.4.1 A questão da permanência do recurso de ofício – 33.5 Efeitos dos recursos – 33.6 Extinção dos recursos. 34. Recurso em sentido estrito. 35. Apelação: 35.1 Particularidades da apelação no Júri – 35.2 A apelação na jurisprudência. 36. Embargos de declaração. 37. Embargos infringentes e de nulidade. 38. Agravos no processo penal. 39. Revisão criminal. 40. Recurso extraordinário. 41. Recurso especial. 42. Disposições comuns aos recursos extraordinário e especial. 43. Carta testemunhável. 44. "Habeas corpus". 45. Recurso ordinário constitucional (ROC). 46. Mandado de segurança no crime. 47. Correição parcial ou reclamação.

1. Direito processual penal

Direito processual penal é o ramo do direito público que regula a função do Estado de julgar as infrações penais e aplicar as penas.

Processo é a sequência de atos interdependentes, destinados a solucionar um litígio, com a vinculação do juiz e das partes a uma série de direitos e obrigações. O processo penal serve para a apuração das infrações penais e a aplicação das respectivas penas.

Procedimento é um aspecto do processo, a parte visível do processo. É o modo ou o rito pelo qual o processo anda.

2. Leis processuais brasileiras

Após a Independência, continuaram a vigorar no Brasil as Ordenações Filipinas e leis avulsas. Seguiu-se o Código de Processo Criminal de 1832.

A CF de 1891 fracionou o processo, instituindo os Códigos Processuais dos Estados. Com a CF de 1934 voltou-se à unidade processual nacional.

O Decreto-lei 3.689, de 3.10.41, instituiu o CPP atualmente em vigor, complementado por leis processuais esparsas e com a reforma de 2008.

Em 1984 a execução penal passou a ser regulada pela Lei de Execução Penal (LEP), Lei 7.210, de 11.7.84.

LEIS PROCESSUAIS BRASILEIRAS
{
- Ordenações Filipinas
- Código de Processo Criminal (*1832*)
- Códigos Processuais dos Estados (*CF de 1891*)
- Volta à unidade processual (*CF de 1934*)
- Código de Processo Penal (*1941/reforma de 2008*)
- Lei de Execução Penal (*1984*)

3. Sistemas processuais

O processo penal pode ser inquisitório, acusatório e misto.

No processo inquisitório a autoridade (inquisidor) assume todos os ângulos da persecução penal, desde a apuração do fato até o seu julgamento, enfeixando numa pessoa só as funções de acusador, defensor e julgador.

No processo acusatório separam-se essas 3 funções, que passam a ser exercidas por pessoas diferentes e não por uma só.

O processo misto caracteriza-se pela combinação da forma inquisitória (investigação preliminar) com a forma acusatória (instalação posterior do contraditório).

O processo penal brasileiro tem como princípio a forma acusatória. Antes do processo, porém, coloca-se um procedimento extrajudicial inquisitório, que é o inquérito policial.

SISTEMAS DE PROCESSO PENAL { inquisitório / acusatório / misto

4. Interpretação da lei processual penal

Aplicam-se ao processo penal as regras usuais de interpretação da lei. O processo penal admite interpretação extensiva, bem como o uso da analogia e dos princípios gerais de direito (art. 3º do CPP).

5. Princípios do processo penal

O processo penal orienta-se pelos seguintes princípios:

– *princípio do devido processo legal* (ação penal regular, nos termos da lei) (art. 5º, LIV, da CF);

– *garantia de contraditório* (art. 5º, LV, da CF);

– *ampla defesa, com os meios inerentes* (art. 5º, LV, da CF);

– *proibição de provas obtidas por meios ilícitos* (art. 5º, LVI, da CF);

– *inocência presumida*, até o trânsito em julgado de sentença penal condenatória (art. 5º, LVII, da CF);

– *publicidade dos atos processuais*, salvo defesa da intimidade ou interesse social (art. 5º, LX, da CF);

– *juiz natural:* a ação penal deve ser proposta perante o órgão competente, indicado pela CF (art. 5º, LIII, da CF);

– *iniciativa das partes:* a promoção da ação penal pública cabe privativamente ao Ministério Público (art. 129, I, da CF); não existe mais ação penal com início por portaria do juiz ou da autoridade policial; a promoção da ação penal privada cabe ao ofendido ou seu representante legal;

– *impulso oficial:* uma vez iniciada, porém, a ação penal, compete ao juiz do Crime manter a ordem dos atos e o seguimento do processo (art. 251 do CPP);

– *verdade real:* princípio tradicional do processo penal brasileiro pelo qual a instrução criminal deveria buscar sempre a "verdade verdadeira" dos fatos, deixando em segundo plano as disposições instrumentais meramente formais. O processo era, então, um instrumento para a realização do Direito. No entanto, a reforma de 2008 (L 11.689/2008) adotou o rigorismo formal, aproximando-se bastante do sistema norte-americano, no qual a pesquisa da verdade se subordina inteiramente às regras processuais cerimoniais;

– *legalidade ou obrigatoriedade:* a persecução penal, em princípio, é obrigatória e indisponível, não podendo ser dispensada por conveniência ou oportunidade. A Lei 9.099/95, porém, que criou os Juizados Especiais Criminais, passou a adotar o *princípio da oportunidade,* ou da conveniência da ação penal, embora limitada ou regrada, nas infrações penais menores;

– *ordem processual:* não devem ser repetidas fases processuais já concluídas e superadas (preclusão *pro-judicato*), salvo no caso de previsão legal expressa.

6. Prazos

6.1 Espécies de prazos

Comuns são os prazos que fluem ao mesmo tempo para todas as partes, como o prazo de 5 dias para apelação. *Particulares* são os que fluem só para uma das partes, como o prazo de 10 dias para resposta do denunciado (art. 396). *Próprios* são os que produzem consequências processuais, como a perda do prazo para recurso. *Impróprios* são os que não têm consequências processuais, mas apenas disciplinares, como os prazos assinalados para o juiz para a prática de determinado ato (art. 800, p. ex.).

Legais são os prazos fixados em lei. *Judiciais* são os fixados pelo juiz, como na suspensão da ação penal (art. 93, § 1º, do CPP). No processo penal não há prazo convencional, ajustado pelas partes.

PRAZOS { *comuns ou particulares*
próprios ou impróprios
legais ou judiciais }

6.2 Contagem de prazos

Salvo os casos expressos em lei, os prazos correm a partir da intimação,[1] da audiência em que a parte esteve presente, ou do dia em que a parte manifestar nos autos ciência inequívoca da sentença ou despacho (art. 798, § 5º, do CPP).

O curso do prazo pode ser suspenso se houver impedimento do juiz, força maior ou obstáculo judicial oposto pela parte contrária (art. 798, § 4º, do CPP). Considera-se impedimento do juiz qualquer das circunstâncias apontadas nos arts. 252 e 253 do CPP, como, p. ex., quando tiver interesse direto no feito.

Os *prazos fixados por minutos ou horas* contam-se de minuto a minuto (art. 132, § 4º, do CC; art. 27 do CPC de 1939).

Nas intimações pessoais o início do prazo por hora se dá no ato (*RT* 628/183; *RP* 5/370; *JB* 50/111), ou com exclusão da primeira hora (*RT* 600/145).

Nas intimações pela imprensa, porém, embora prazo por hora, exclui-se o dia do começo.[2]

Os *prazos por meses ou anos* contam-se de acordo com o calendário. O prazo de 1 ano termina na mesma data do ano seguinte, e o de 1 mês no mesmo dia do mês seguinte, não importa quantos dias tenha cada mês ou ano. Se não houver o dia correspondente ao do início do prazo, este findará no primeiro dia subsequente (L 810, de 6.9.49, que define o ano civil).

Nos *prazos fixados em dias* não se conta o dia do começo (*dies a quo*), incluindo-se o do vencimento (*dies ad quem*). Numa intimação feita no dia 5 de fevereiro, por exemplo, o primeiro dia a ser contado é o dia 6.[3] Se a contagem se iniciar num sábado, desloca-se o início da contagem para o primeiro dia útil seguinte (Súmula 310 do STF) (art. 184, § 2º, do CPC). Como a contagem não inicia no sábado, pela mesma razão também não deve iniciar em feriado ou dia sem expediente forense (*RT* 543/473). Considera-se feriado, ou dia não útil, aquele em que não houve expediente forense, ou em que o expediente foi encerrado antes da hora legal (art. 1º da L 1.408/51; art. 184, § 1º, I e II, do CPC).

Fluência do prazo. Uma vez iniciada a contagem, são os prazos contínuos e peremptórios, não se interrompendo por férias, domingo ou dia

---

1. "No processo penal, contam-se os prazos da data da intimação, e não da juntada aos autos do mandado ou da carta precatória ou de ordem" (Súmula 710 do STF).

2. *RT* 600/145, 628/183, 652/213.

3. Não se inclui o dia do começo no processo penal (art. 798, § 1º, do CPP), no processo civil (art. 224 do CPC) e no direito civil (art. 132 do CC). Só no direito penal inclui-se o dia do começo (art. 10 do CP).

feriado (art. 798 do CPP). O feriado só influi nos extremos, ou seja, no início ou no fim do prazo fixado em dias, nunca no meio da fluência ou contagem.

Se um prazo de 5 dias iniciar-se numa quinta-feira, a contagem se iniciará na sexta-feira (se não for feriado) e terminará na terça-feira, inclusive. O sábado e o domingo, no caso, não suspendem a contagem, porque ficaram no meio e não no início ou no fim da contagem do prazo.

Término do prazo em dias. Inclui-se no prazo o dia do vencimento, até o último minuto do expediente oficial.

Prorroga-se, porém, até o dia útil imediato o prazo que terminar em dia sem expediente forense, ou de expediente encerrado antes da hora legal (art. 798, § 3º, do CPP; art. 3º da L 1.408/51; art. 224, § 1º, do CPC).

Férias forenses. Em princípio, as férias forenses em nada influem no início, no meio ou no fim dos prazos, na área processual penal. Os prazos são contínuos e peremptórios, não se interrompendo por férias, domingo ou dia feriado (art. 798 do CPP). Excetuados os julgamentos, os atos processuais podem ser praticados nas férias (art. 797 do CPP).

No caso de réu solto, porém, há jurisprudência no sentido de serem os prazos suspensos nas férias forenses.[4]

Defensoria Pública
tem prazo em dobro[5]
(L 1.060/50, art. 5º, art. 44, I, da LC 80/1994).

Atenção: núcleos de prática jurídica não gozam deste benefício
(STJ AgRg no AREsp 907.937-SP, j. 7.3.2017).

---

7. Preclusão

A *preclusão* consiste no impedimento de se voltar a fases ou oportunidades já superadas no processo (art. 473 do CPC). O termo vem do latim *praecludo*, fechar, tapar, encerrar.

A preclusão mais comum é a *preclusão temporal*, ou seja, a perda do direito de praticar um ato, após o término do prazo (art. 183 do CPC). A apelação, por exemplo, não será mais recebida, decorrido o prazo de 5 dias (art. 593 do CPP).

---

4. *RT* 573/473, 624/288; *RTJ* 106/281.
5. Um acórdão considerou inconstitucional o prazo em dobro para a Defensoria Pública, por ferir a igualdade das partes (*RT* 692/306).

Preclusão lógica é a prática de ato incompatível com outro que se queira praticar, como desistir de um recurso, requerendo depois o seu seguimento.

A *preclusão consumativa* refere-se aos atos que já foram realizados, numa das formas admitidas, não se podendo praticá-los de novo. Se o recurso já foi arrazoado, não cabem novas razões após a remessa à instância superior.

Em princípio, a preclusão só alcança as partes e não o juiz. Mas a doutrina refere a *preclusão "pro-judicato"*, pela qual o juiz não pode voltar a decidir incidente processual já decidido e irrecorrido.

$$\text{PRECLUSÃO} \begin{cases} temporal \\ lógica \\ consumativa \\ \text{"pro-judicato"} \end{cases}$$

8. O inquérito policial

O inquérito policial é procedimento administrativo prévio, para apurar as infrações penais e para fundamentar a denúncia ou queixa. É peça investigatória, inquisitiva, não sujeita ao contraditório, podendo revestir-se de sigilo,[6] dentro do necessário. Sigilo relativo, pois o advogado tem o direito de manusear a qualquer tempo o inquérito, findo ou em andamento (art. 5º, LXIII, da CF) (art. 7º, XIV, do Estatuto da Advocacia, L 8.906/94).[7]

Não é indispensável o inquérito, pois a denúncia ou queixa pode ser oferecida com base em qualquer outra peça de informação (arts. 12, 39, § 5º, e 46, § 1º, do CPP).

O inquérito policial foi expressamente dispensado nas infrações penais abrangidas pelo Juizado Especial Criminal (L 9.099/ 95, art. 77, § 1º).

As provas obtidas no inquérito policial terão o valor que lhes atribuir o juiz, de acordo com seu convencimento.

A prova testemunhal do inquérito, não renovada em juízo, não serve para fundamentar a condenação (art. 155 do CPP), vez que não submetida

---

6. No caso de tóxicos, o sigilo do inquérito é obrigatório, imposto pela lei, sendo crime a sua quebra (v. adiante, cap. III, item 1).

7. **Sigilo.** Pode tornar-se absoluto, mesmo em relação ao advogado, diante da supremacia do interesse público (RT 780/730, 837/610).

Acesso do defensor. Amplitude que opera apenas em relação aos elementos já documentados, em procedimento já instaurado, e digam respeito ao exercício do direito de defesa (v. **Súmula Vinculante 14**).

ao crivo do contraditório.[8] As demais provas, porém, como exames, avaliações e perícias, são as do inquérito, não sendo, em regra, reproduzidas em juízo. Já, a confissão feita no inquérito, ainda que retratada depois no processo, costuma permanecer válida, desde que em harmonia com os demais elementos probatórios.

O inquérito policial inicia-se por *portaria* ou por *prisão em flagrante*. Trata-se, nos dois casos, de inquérito policial, variando apenas a forma do início. O iniciado por portaria seria o inquérito policial propriamente dito.

A portaria que dá início ao inquérito é baixada de ofício pela autoridade policial, assim que tiver notícia do crime, ou por requisição do juiz ou do promotor de justiça.

Em certos casos a instauração do inquérito depende de manifestação da vítima (ação penal condicionada), ou de requerimento formal (ação penal privada).

O inquérito deve terminar em 30 dias, prorrogáveis de acordo com a necessidade, havendo concordância do promotor de justiça. No caso de indiciado preso, o prazo é de 10 dias, improrrogáveis, a partir do dia da prisão (art. 10 do CPP).[9]

Havendo prisão em flagrante ou prisão preventiva, poderá o juiz decretar a incomunicabilidade do indiciado por até 3 dias, ressalvada, porém, a comunicação com o seu advogado (art. 7º, III, do Estatuto da Advocacia, L 8.906/94).

De acordo com a CF, o civilmente identificado não será submetido a identificação criminal, salvo nas hipóteses previstas em lei (art. 5º, LVIII, da CF).[10]

8. "Uma vez não reproduzida em juízo, sob a égide do contraditório, a prova coligida no inquérito, deve ser adotada a solução absolutória" (*RJDTACrimSP* 16/132).
9. Nos casos afetos à Justiça Federal, de réu preso, o prazo do inquérito é de 15 dias, prorrogáveis (art. 66 da L 5.010, de 30.5.66).
Na prisão em flagrante, se o fato foi praticado em presença da autoridade ou contra esta, a remessa do inquérito deve ser imediata (art. 307 do CPP).
10. O art. 5º, LVIII, da CF revogou em parte o art. 6º, VIII, do CPP e a Súmula 568 do STF.
Mesmo havendo identificação civil, é necessária a identificação criminal quando se tratar de homicídio doloso, crimes contra o patrimônio mediante violência ou grave ameaça, receptação qualificada, crimes contra a liberdade sexual ou crime de falsificação de documento público. E também no caso de mau estado de conservação, suspeita de falsificação, ou registro de extravio do documento civil.
E ainda no caso de documento civil muito antigo, e se houver uso de outros nomes ou diferentes qualificações (L 10.054, de 7.12.2000). De qualquer modo, sem-

"Não se poderá opor suspeição às autoridades policiais nos atos do inquérito, mas deverão elas declarar-se suspeitas, quando ocorrer motivo legal" (art. 107 do CPP).

O inquérito deve ter *justa causa*, sem o quê poderá ser trancado por *habeas corpus*. A justa causa pressupõe a existência de indícios da autoria e da materialidade da infração penal (*RT* 649/267). Também não há justa causa se tiver ocorrido a prescrição ou a decadência do direito de queixa ou representação.

Terminada a apuração do fato, a autoridade policial fará um relatório objetivo. Seguem-se a remessa do inquérito ao representante do Ministério Público.[11]

O arquivamento do inquérito não cabe à autoridade policial (art. 17 do CPP), mas ao juiz, mediante promoção do MP, observado o art. 28 do CPP. Da decisão de arquivamento não cabe recurso.

Ao receber o inquérito policial, o promotor de justiça poderá requerer diligências imprescindíveis, oferecer denúncia ou promover o arquivamento, não havendo base para a denúncia.

Se o juiz não concordar com o arquivamento, enviará o inquérito ao Procurador-Geral, e este oferecerá a denúncia, designará outro promotor para oferecê-la, ou insistirá no arquivamento, que então o juiz terá de atender (art. 28 do CPP).[12]

Uma vez arquivado, o inquérito policial não poderá mais servir como base para denúncia ou queixa. Salvo se surgirem provas novas, caso em que o inquérito poderá ser desarquivado, voltando à sua função natural anterior, desde que não prescrito o fato (Súmula 524 do STF).

Após o arquivamento do inquérito, a requerimento do Ministério Público, não pode o mesmo servir de base para eventual ação penal privada subsidiária.

---

pre se entendeu cabível a imposição da identificação criminal quando houver dúvida sobre a autenticidade do documento civil, ou outro motivo relevante devidamente fundamentado.

11. Se houver envolvimento de magistrado ou membro do Ministério Público, o inquérito deve ser remetido imediatamente aos respectivos órgãos superiores competentes, que prosseguirão na investigação (Lei Orgânica da Magistratura, LC 35/79, art. 33, § ún.; Lei Orgânica Nacional do MP, L 8.625/93, art. 41, § ún.).

12. **Perdão judicial pré-processual.** Decidiu a Egrégia Procuradoria-Geral da Justiça de São Paulo que nada impede que o perdão judicial seja reconhecido em arquivamento promovido pelo Promotor de Justiça, já na fase inquisitorial, quando o fato se revelar inequivocamente demonstrado. Hipótese de acidente de trâsnsito que resultou na morte do filho único do condutor – Inteligência da Súmula 18 do STJ (Protocolado n. 60.833/14. Autos n. 2.301/13, MM. Juízo da 3ª Vara Criminal da Comarca de São José do Rio Preto, 28.4.2014).

9. Ação penal

A ação penal pode ser *pública incondicionada*, exercida pelo Ministério Público; *pública condicionada*, exercida também pelo Ministério Público, mas só mediante representação do ofendido[13] ou requisição do Ministro da Justiça; *privada exclusiva*, exercida por queixa, pelo ofendido ou seu representante legal, ou por sucessor relacionado no art. 100, § 4º, do CP; *privada subsidiária*, exercida por queixa, pelo ofendido, no caso de o MP não oferecer denúncia no prazo legal (art. 29 do CPP); e *privada personalíssima*, que só pode ser exercida pelo próprio interessado, mediante queixa, e não por algum dos sucessores, como, por exemplo, no crime de induzimento a erro essencial e ocultação de impedimento ao casamento (CP, art. 236).[14]

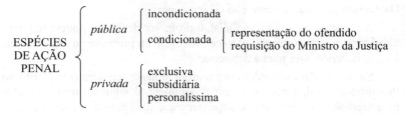

10. A denúncia

O processo penal, tanto nos crimes como nas contravenções, inicia-se pelo recebimento da denúncia, com a descrição dos fatos, a imputação da autoria,[15] a classificação do crime e o rol de testemunhas (art. 41 do CPP).

---

13. A representação é irretratável após o oferecimento da denúncia (art. 102 do CP; art. 25 do CPP).
    Violência doméstica. Determina o art. 16 da L 11.340/2006 que, no caso de mulher vítima de violência doméstica, a retratação somente é admitida perante o juiz. No entanto, decidiu o STF que a ação penal por lesões corporais, mesmo leves, decorrentes de violência doméstica é sempre incondicionada (ADI 4.424, j. 9.2.2012). Assim, não há falar em representação, nem em retratação da representação.

14. Os crimes de lesões corporais leves e lesões culposas eram de ação pública incondicionada, passando, porém, a depender de representação, nos termos da L 9.099/95, art. 88. No entanto esta regra não vale para o crime de lesão corporal leve praticado com violência doméstica e familiar contra a mulher. Neste caso, a ação independe de representação e pode ser intentada diretamente pelo MP. É o que decidiu o STF na ADI 4.424, j. 9.2.2012, que declarou inconstitucionais os arts. 12, I, 16 e 41, da L 11.340/2006 – Lei Maria da Penha.

15. **Denúncia nos crimes societários.** De regra, a denúncia deve descrever minudentemente a conduta criminosa individualizada de cada um dos acusados. No entanto, têm-se admitido nos crimes de autoria coletiva, especialmente nos crimes tributários, nos

O prazo para o oferecimento da denúncia é de 5 dias (réu preso) ou 15 dias (réu solto). Iniciada a ação, não pode o Ministério Público dela desistir (art. 42 do CPP).

O juiz pode rejeitar a denúncia quando for manifestamente inepta, faltar pressuposto processual, condição ou justa causa para a ação penal (art. 395). Da rejeição cabe recurso no sentido estrito (CPP, art. 581, I).

As omissões da denúncia poderão ser supridas a todo tempo, mediante aditamento, antes da sentença (art. 569 do CPP). Poderá dar-se também o aditamento no caso de reclassificação do delito.[16]

11. A queixa

A queixa é uma petição inicial, com a qual se dá início à ação penal privada. Equivale à denúncia e como esta deve ser formulada, juntando-se o inquérito policial ou outro elemento informativo. É subscrita por advogado, devendo a procuração conter poderes especiais e menção expressa ao fato criminoso.

O Ministério Público intervém em todos os termos do processo. Na ação privativa do ofendido pode ele aditar a queixa, suprindo eventuais incorreções (art. 45 do CPP). Na ação privada subsidiária pode não só aditar a queixa, mas também repudiá-la e oferecer denúncia substitutiva (art. 29 do CPP).

Princípio da indivisibilidade. Havendo dois ou mais querelados, estabelece a lei liame entre eles. O processo contra um obriga ao processo contra todos. A renúncia ao direito de queixa em relação a um estende-se a todos. O perdão dado a um aproveita a todos (arts. 48, 49 e 51 do CPP).

Perempção. Sob pena de perempção, o querelante não pode deixar de promover o andamento do processo durante 30 dias seguidos, nem deixar de comparecer a qualquer ato do processo, nem deixar de formular o pedido de condenação nas alegações finais (art. 60 do CPP).

Decadência do direito de queixa ou de representação. "Salvo disposição em contrário, o ofendido, ou seu representante legal, decairá do direito

---

crimes contra as relações de consumo, nos falimentares e nos de associação criminosa, que a denuncia traga apenas a narrativa das condutas delituosas e da suposta autoria, com os elementos necessários para garantir o direito à ampla defesa. "Não se pode, pois, de antemão, retirar do Estado o direito e o dever de investigar e processar, quando há elementos mínimos necessários para a persecução penal" (STJ, 5ª T., HC 188.790, rel. Min. Laurita. J. Vaz, *DJe* 22.8.2014).

16. V. adiante o item 31.1, "Reclassificação do delito". Sobre regras especiais de nulidade em matéria de denúncia ou queixa, v. o item 32.9.

de queixa ou de representação se não o exercer dentro do prazo de 6 meses, contado do dia em que vier a saber quem é o autor do crime, ou, no caso de ação penal privada subsidiária, do dia em que se esgotar o prazo para o oferecimento da denúncia" (art. 38 do CPP).

O prazo de decadência não se interrompe por fato nenhum, nem pelo inquérito policial.

Renúncia ao direito de queixa ou de representação. Nas infrações abrangidas pelo Juizado Especial Criminal, o acordo homologado, sobre a composição dos danos, acarreta a renúncia ao direito de queixa ou representação (L 9.099/95, art. 74, § ún.).

12. Ação civil

Para ressarcimento do dano cabe ação civil, ou, diretamente, execução civil, se já houver sentença penal condenatória (arts. 63 e 64 do CPP).[17]

A execução da sentença penal condenatória será precedida de liquidação, para apuração do montante da indenização. O Ministério Público pode mover a ação ou a execução, a requerimento do ofendido pobre (art. 68 do CPP).

Pode também ser objeto da execução o valor fixado pelo juiz criminal para a reparação dos danos (arts. 63, § ún., e 387, IV).

Em princípio, a responsabilidade civil é independente da criminal, estabelecendo, porém, a lei algumas regras para a conciliação das jurisdições.

Assim, faz coisa julgada no Cível a sentença penal que reconhecer causa excludente da criminalidade (art. 65 do CPP), não se podendo questionar mais sobre a existência do fato, ou quem seja o seu autor, quando estas questões se acharem decididas no Crime (art. 935 do CC).

Não obstante a sentença absolutória no juízo criminal, a ação civil poderá ser proposta quando não tiver sido categoricamente reconhecida a inexistência material do fato (art. 66 do CPP).

O juiz da ação civil pode suspender o curso desta, no aguardo de julgamento definitivo de ação penal proposta (art. 64, § ún., do CPP), pelo prazo máximo de um ano (art. 313, § 4º, do CPC).

13. Competência

A competência refere-se à demarcação da área de atuação de cada juiz. É a medida da jurisdição (poder de dizer o Direito). A delimitação da

---

[17] Mas não cabe execução no Cível de sentença criminal do Juizado Especial, com base em proposta do MP. Só cabe ação civil independente (L 9.099/ 95, art. 76, § 6º).

competência realiza-se por critérios gerais e também por critérios suplementares.

13.1 Critérios gerais de competência

Os critérios gerais de competência se referem ao território, à matéria, às pessoas e às normas de organização judiciária.

Competência absoluta. De modo geral, entende-se que é *absoluta* a competência em razão da matéria, das pessoas e das normas de organização judiciária. Isto significa que a incompetência deve ser declarada de ofício pelo juiz, não há prorrogação[18] da competência e o processo pode ser declarado nulo.

Competência relativa. Refere-se à competência em razão do território; não anula o processo e se prorroga, caso não haja arguição em tempo oportuno.

13.1.1 Competência em razão do território (*ratione loci*)

Em regra, a competência se fixa pelo lugar em que se consumar a infração penal, ou, no caso de tentativa, pelo lugar em que for praticado o último ato de execução (art. 70 do CPP). Não sendo conhecido o lugar da infração, fixa-se a competência pelo domicílio ou residência do réu (art. 72 do CPP).

Na ação penal privada propriamente dita, o querelante poderá preferir o domicílio ou residência do réu, mesmo que conhecido o local da infração (art. 73).

13.1.2 Competência em razão da matéria (*ratione materiæ*)

Diz respeito à divisão entre *Justiça Comum* (federal e estadual) e a *Justiça Especial* (militar, eleitoral e política).

Compete à *Justiça Comum Federal* julgar os crimes praticados em detrimento de bens, serviços ou interesses da União, ou de suas entidades autárquicas ou empresas públicas. Excluem-se, porém, as contravenções, que são sempre julgadas pela Justiça Estadual, ainda que haja interesse da

---

18. **Prorrogação da competência.** Ocorre quando o juiz que era inicialmente relativamente incompetente passa a ser competente para conhecer a causa ou continuar a apreciá-la. No Processo Penal, as causas da prorrogação da competência são: conexão e continência (art. 76 e 77 do CPP), prevenção (art. 83 do CPP) e falta de alegação em tempo oportuno, via exceção de incompetência (art. 108 do CPP).

União (art. 109, IV, da CF; Súmula 38-STJ). A *Justiça Comum Estadual* tem competência residual: será de sua atribuição as causas que não forem de competência da Justiça Federal ou das justiças especializadas.

Os crimes dolosos contra a vida, tentados ou consumados, são de competência do Tribunal do Júri (art. 5º, XXXVIII, "d", da CF), que é órgão da Justiça Comum Federal e Estadual.[19]

A Justiça Militar julga os crimes militares, assim considerados, em tempo de paz, os arrolados no art. 9º do CPM,[20] preservada a competência do Júri, quando a vítima for civil (art. 125, § 4º, da CF).

À Justiça Eleitoral incumbe conhecer e julgar as infrações penais eleitorais. Cumpre ao Senado Federal a competência política nos crimes de responsabilidade do Presidente da República (art. 85 da CF) e de outras autoridades (art. 52, I e II, da CF).

---

19. A competência do Júri Federal se estabelece pelo envolvimento de bens, serviços ou interesses da União, ou de suas entidades autárquicas ou empresas públicas (art. 109, IV, da CF).

20. CPM: "Art. 9º. Consideram-se crimes militares, em tempo de paz: I – os crimes de que trata este Código, quando definidos de modo diverso na lei penal comum, ou nela não previstos, qualquer que seja o agente, salvo disposição especial; II – os crimes previstos neste Código, embora também o sejam com igual definição na lei penal comum, quando praticados: a) por militar em situação de atividade ou assemelhado, contra militar na mesma situação ou assemelhado; b) por militar em situação de atividade ou assemelhado, em lugar sujeito à administração militar, contra militar da reserva, ou reformado, ou assemelhado, ou civil; c) por militar em serviço, em comissão de natureza militar, ou em formatura, ainda que fora do lugar sujeito a administração militar, contra militar da reserva, ou reformado, ou assemelhado, ou civil; d) por militar durante o período de manobras ou exercício, contra militar da reserva, ou reformado, ou assemelhado, ou civil; e) por militar em situação de atividade, ou assemelhado, contra o patrimônio sob a administração militar, ou a ordem administrativa militar; f) por militar em situação de atividade ou assemelhado que, embora não estando em serviço, use armamento de propriedade militar ou qualquer material bélico, sob guarda, fiscalização ou administração militar, para a prática de ato ilegal; III – os crimes praticados por militar da reserva, ou reformado, ou por civil, contra as instituições militares, considerando-se como tais não só os compreendidos no inciso I, como os do inciso II, nos seguintes casos: a) contra o patrimônio sob a administração militar, ou contra a ordem administrativa militar; b) em lugar sujeito à administração militar contra militar em situação de atividade ou assemelhado, ou contra funcionário de Ministério Militar ou da Justiça Militar, no exercício de função inerente ao seu cargo; c) contra militar em formatura, ou durante o período de prontidão, vigilância, observação, exploração, exercício, acampamento, acantonamento ou manobras; d) ainda que fora do lugar sujeito à administração militar, contra militar em função de natureza militar, ou no desempenho de serviço de vigilância, garantia e preservação da ordem pública, administrativa ou judiciária, quando legalmente requisitado para aquele fim, ou em obediência a determinação legal superior".

13.1.3 Competência em razão da pessoa (*ratione personæ*)

É a competência estabelecida por prerrogativa de função exercida pelo acusado (*foro especial*[21]). Determinados ocupantes de cargos públicos, que atuam na cúpula da Administração Pública, são processados de acordo com regras especiais, estabelecidas constitucionalmente. Assim, por exemplo, os prefeitos são julgados criminalmente pelos Tribunais de Justiça (art. 29, X, da CF).[22]

O foro por prerrogativa de função não se prorroga, ou seja, o foro especial não vigora mais a partir do instante em que o acusado deixa o cargo público ou o mandato eletivo, ainda que o inquérito ou a ação judicial sejam iniciados antes da cessação do exercício da função pública.[23]

13.1.4 Competência funcional

A competência funcional é a que deriva das leis de organização judiciária, estabelecendo critérios de divisão de tarefas entre juízes do mesmo grau, ou de instâncias diferentes. É funcional, por exemplo, a competência atribuída a juízes de Varas regionais ou distritais.

13.2 Critérios suplementares de competência

Havendo dois ou mais juízes com a mesma atribuição, na mesma comarca, dá-se a competência por distribuição, realizada, geralmente, por sorteio. Outros critérios são a conexão, a continência e a prevenção.

13.2.1 Competência por conexão

Dá-se a conexão quando há duas ou mais infrações penais relacionados entre si. A conexão pode ser intersubjetiva, objetiva ou probatória.

---

21. **Júri, Foro Especial e Autoridade Estadual**. "A competência constitucional do Tribunal do Júri prevalece sobre o foro por prerrogativa de função estabelecido exclusivamente pela Constituição Estadual" (Súmula 721-STF). Convém anotar que alguns funcionários estaduais, como Juízes e Promotores de Justiça, têm foro especial determinado pela Constituição Federal e, nestes casos, a competência do Tribunal do Júri fica afastada.
22. Outros casos de foro por prerrogativa de função dizem respeito ao Presidente e Vice-Presidente da República, Ministros de Estado, Ministros do STF e do STJ, integrantes da Magistratura e do Ministério Público, Governadores e Secretários Estaduais, Deputados Estaduais, etc.
23. Cf. STF, ADI 2.797-2, j. 16.5.2012, que considerou inconstitucionais os §§ 1º e 2º do art. 84 do CPP (v. tb. ADI 2.860-0).

A conexão é *intersubjetiva* (art. 76, I, do CPP) quando *duas ou mais* infrações são praticadas por várias pessoas ao mesmo tempo (*intersubjetiva por simultaneidade*), ou ocorrendo concurso de pessoas (*intersubjetiva por concurso*) ou, ainda por várias pessoas, umas contra as outras (*intersubjetiva por reciprocidade*).

A conexão é *objetiva* (art. 76, II, do CPP) quando uma ou mais infrações tiverem sido cometidas para facilitar ou ocultar as outras (ex. homicídio e ocultação de cadáver).

A conexão será *probatória* (art. 76, III) quando a prova de uma infração influir na prova de outra infração (ex. furto e receptação).

13.2.2 Competência por continência

A continência é uma espécie de conexão, mais intensa: um fato encontra-se contido dentro de outro, de modo inseparável (art. 77 do CPP). Dá-se a continência na coautoria em um único crime (art. 29 do CP), no concurso formal de crimes (art. 70 do CP), no erro de execução (art. 73 do CP) e no resultado diverso do pretendido (art. 74 do CP).

13.2.3 Competência por prevenção

Verifica-se a competência por prevenção "toda vez que, concorrendo dois ou mais juízes igualmente competentes ou com jurisdição cumulativa, um deles tiver antecedido aos outros na prática de algum ato do processo ou de medida a este relativa, ainda que anterior ao oferecimento da denúncia ou queixa" (art. 83 do CPP). Exemplo de competência por prevenção é o art. 71 do CPP: "Tratando-se de infração continuada ou permanente, praticada em território de duas ou mais jurisdições, a competência firmar-se-á pela prevenção". "É relativa a nulidade decorrente da inobservância da competência penal por prevenção" (Súmula 706-STF).

13.3 Exceção de incompetência

A incompetência considerada relativa pode ser arguida pelo réu, verbalmente ou por escrito, no prazo da defesa (art. 108). A incompetência absoluta pode ser arguida a qualquer tempo. Interposta a exceção e ouvido o Ministério Público, segue-se decisão declinando ou não da competência.

Competência não se confunde com atribuição. A primeira se refere ao órgão jurisdicional e a segunda às funções dos membros do Ministério Público.

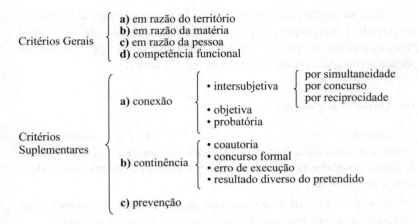

13.4 Conflito de competência

Dá-se o conflito de competência quando dois ou mais juízes se considerarem competentes (conflito positivo) ou incompetentes (conflito negativo) para conhecer do mesmo fato, ou em caso de controvérsia sobre unidade de juízo, junção ou separação de processos (art. 114 do CPP).

O conflito de competência pode ser levantado pelo juiz, perante o tribunal competente, na forma de representação. Se o conflito for negativo, pode o juiz suscitá-lo nos próprios autos. Se positivo, deve o conflito subir em apartado. O relator requisita informações, podendo determinar a suspensão do feito. Depois de ouvido o Procurador-Geral de Justiça, decide-se o conflito.

Mas não é só o juiz que pode levantar o conflito de competência. A parte interessada e o Ministério Público podem também requerer sobre a matéria diretamente perante o tribunal competente, em apartado (arts. 115 e 116 do CPP).

A controvérsia sobre competência pode ser abordada também por meio de exceção (com o rito especial previsto para as exceções), ou por meio de objeção (como preliminar nos próprios autos principais).

Coisa diversa do conflito de competência é o conflito de atribuições. O conflito de atribuições é aquele que se dá entre duas ou mais autoridades administrativas, ou entre uma autoridade judiciária e uma autoridade administrativa.

O conflito de competência entre membros do Ministério Público constitui conflito de atribuições, a ser dirimido pelo Procurador-Geral de Justiça.

"Não há conflito de competência se já existe sentença com trânsito em julgado, proferida por um dos juízos conflitantes" (Súmula 59 do STJ). "Não há conflito de competência entre o Tribunal de Justiça e Tribunal de Alçada do mesmo Estado-membro" (Súmula 22 do STJ).

14. Questões prejudiciais

Questão prejudicial é uma relação de direito civil (ou extrapenal) que condiciona a existência do crime, colocando-se como antecedente lógico da decisão a ser proferida. Prejudicial no sentido de algo que precede o julgamento, *praejudicium*.

Exemplo é a nulidade do casamento anterior, no caso de bigamia, a ser deslindada no Cível, suspendendo-se, para tanto, o processo criminal.

A suspensão do processo é obrigatória quando houver dúvida séria e fundada sobre o estado civil das pessoas (art. 92 do CPP), e facultativa nos demais assuntos (art. 93 do CPP). Neste último caso só há suspensão se a questão for intrincada e já houver ação civil em andamento.

Os arts. 92 e 93 do CPP tratam somente da chamada prejudicial heterogênea, perfeita ou jurisdicional (direito extrapenal + direito penal).

Na doutrina, considera-se também como questão prejudicial um outro fato delituoso, do qual dependa a existência do crime em julgamento, como, por exemplo, a origem criminosa da coisa, no caso de receptação (questão prejudicial homogênea ou imperfeita).

No caso de prejudicial homogênea (direito penal + direito penal) não se suspende o processo, sendo a questão resolvida pelo próprio juiz, ou também por *habeas corpus* ou revisão criminal.

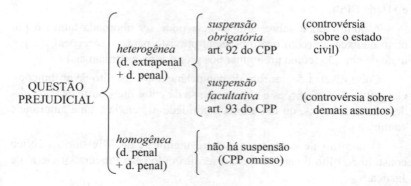

15. Exceções

Exceções são incidentes processuais, não ligados ao mérito da ação, que podem extinguir o processo (exceção peremptória) ou afastar o juiz (exceção dilatória ou de retardamento). Constituem, em regra, defesa indireta do réu, a ser oposta no prazo da defesa. Mas podem também ser levantadas eventualmente pelo autor.

As exceções têm rito próprio e abrangem a suspeição, a incompetência, a litispendência, a ilegitimidade de parte e a coisa julgada (art. 95 do CPP).

Mas estas matérias, no processo penal, têm natureza dupla. São *exceções* a serem levantadas pelas partes, com procedimento próprio. Mas constituem também *objeções*, que são impedimentos de ordem pública, decretáveis de ofício, podendo ser denunciados ao juiz a qualquer tempo e sem formalidades especiais.

Litispendência é a situação em que já existe outra demanda igual em andamento, sendo idênticos o autor, o réu, o fato, o pedido e o fundamento do pedido (*personae, factum, petitum, causa petendi*).

A *ilegitimidade de parte* abrange a adequação de autor e réu na ação penal. Réu, no Crime, só pode ser maior de 18 anos. Autor só o Ministério Público, de modo incondicionado ou condicionado, ou, por exceção, querelante titular de ação penal privada.

Coisa julgada é a qualidade que a sentença adquire de ser imutável, depois que dela não couber mais recurso. Do assunto se tratará adiante, após o estudo da sentença.

Não abordamos, aqui, a suspeição e a incompetência, examinadas em itens próprios.

Como vimos, os assuntos referentes às exceções podem também ser levantados, sem maiores formalidades, no decorrer do processo, vez que a matéria das exceções, no processo penal, tem igualmente o caráter de objeções.

Só que, aí, não haverá rito especial. A matéria ficará englobada com os outros temas dos autos principais, assumindo geralmente o caráter de preliminar.

EXCEÇÕES
- *dilatórias* (visam a afastar o juiz)
  - suspeição
  - incompetência
- *peremptórias* (visam a extinguir o processo)
  - litispendência
  - ilegitimidade de parte
  - coisa julgada

15.1 Procedimento das exceções

A *exceção de suspeição* no 1º grau é oposta por escrito da parte, ou de procurador com poderes especiais. Se o juiz reconhecer a suspeição, ordenará a remessa dos autos ao substituto. Caso contrário a petição será autuada em apartado, seguindo-se os trâmites dos arts. 100 a 102 do CPP.

A *exceção de incompetência* é arguida no prazo de defesa, por petição ou termo nos autos, ouvindo-se o Ministério Público. Segue-se a decisão do juiz, que ordenará a remessa dos autos ao juiz competente, ou continuará no feito, se recusar a incompetência (arts. 108 e 109 do CPP).

As *exceções de litispendência, ilegitimidade de parte* e *coisa julgada* seguem o rito da exceção de incompetência, no que lhes for aplicável (art. 110 do CPP).

16. Restituição de coisas apreendidas

As coisas apreendidas devem ser restituídas, se não interessarem mais ao processo, por ordem da autoridade policial ou do juiz. Havendo dúvida sobre o direito do reclamante, é o pedido autuado em separado, com decisão do juiz criminal ou com remessa das partes ao juízo cível, se não esclarecida a propriedade da coisa.

Os instrumentos e o produto do crime, como definidos no art. 91, II, do CP, não são devolvidos, mas confiscados, em favor da União.[24]

17. Medidas assecuratórias[25]

São medidas assecuratórias o arresto, o sequestro e a especialização da hipoteca legal.

O *arresto* consiste na apreensão de quaisquer bens do indiciado ou acusado, para garantir o ressarcimento dos danos e, no caso de imóveis, para preparar a especialização da hipoteca legal, a ser requerida em 15 dias após o arresto (arts. 136-143).[26]

O *sequestro* consiste na apreensão de bens certos e determinados, para garantir o ressarcimento dos danos, ou no confisco, como no caso da

---

24. Os instrumentos e o produto de contravenção penal também são confiscados: *RT* 556/384, 597/353, 670/324, 707/319; *RJDTACrimSP* 4/69, 7/27, 12/68, 22/470; Cyrilo Luciano Gomes Júnior, "Confisco de instrumentos e produtos de contravenção", *RT* 703/408. Contra: *RT* 571/372, 608/350; *RJDTACrimSP* 5/71.

25. **Recurso cabível**. Cabe apelação contra o sequestro de bens (STJ, REsp 1.585.781, j. 28.6.16).

26. Os arts. 136 a 143 do CPP mencionam o termo "sequestro", mas é de arresto que se trata.

perda, em favor da União, dos instrumentos e proventos do crime (art. 91, II, do CP).

A *especialização da hipoteca legal* serve para definir o imóvel que irá garantir a indenização e para fixar o valor provisório desta (art. 134).

MEDIDAS ASSECURATÓRIAS
- *Arresto* (arts. 136-143) — apreensão de bens indeterminados (quaisquer bens)
- *Sequestro* (arts. 125-133) — apreensão de bens determinados
- *Especialização de hipoteca legal* (arts. 134 e 135) — especificação do imóvel que irá garantir a indenização

18. Insanidade mental do acusado

Havendo dúvida sobre a sanidade mental do acusado, deve-se proceder ao exame médico-legal (arts. 149-154 do CPP).

Pode o exame ser feito no inquérito ou no processo, mas sempre por ordem do juiz competente. No processo, será este suspenso, com a nomeação de curador.

O incidente corre em autos apartados. O exame deve ser específico, com a avaliação do estado mental do examinando no momento do crime. A prescrição continua a correr durante a suspensão.

Após o laudo médico, a solução pode orientar-se por uma das seguintes hipóteses: a) Não havia insanidade. O processo prossegue, sem o curador. b) Havia insanidade. O processo prossegue, com o curador. c) A insanidade é posterior ao crime. O processo fica suspenso, até o restabelecimento, podendo o acusado ser internado em manicômio judiciário. d) A insanidade só surgiu na execução. O condenado será internado em manicômio judiciário (art. 108 da LEP), podendo a pena ser substituída por medida de segurança (art. 183 da LEP). e) Insanidade verificada no inquérito. Deve ser oferecida denúncia, vez que o laudo e as medidas cabíveis serão avaliados no processo.

19. Prova

Cabe às partes apresentar a prova do alegado. Admite-se, porém, que o juiz determine de ofício a realização de provas urgentes e a realização de diligências para dirimir dúvida sobre ponto relevante (art. 156, I e II, do CPP).

Não há hierarquia de provas, nem formas preestabelecidas, salvo quanto ao estado das pessoas, a ser provado de acordo com a lei civil. Certos fatos independem de prova, vez que presumidos, como a presunção de violência, do art. 224 do CP.

Os meios usuais de prova são as perícias, o interrogatório, a confissão, as testemunhas, os documentos etc. Em regra, provam-se apenas fatos. Mas o juiz pode exigir a prova do teor e da vigência de direito municipal, estadual ou estrangeiro.

Não valem as provas ilícitas, como a interceptação de correspondência, a escuta telefônica[27] ou a busca domiciliar sem requisitos legais (art. 5º, LVI, da CF).[28]

As cartas particulares interceptadas ou obtidas por meios criminosos não são admitidas em juízo. O destinatário da carta, porém, pode exibi-la em juízo, para a defesa de seu direito, ainda que não haja consentimento do signatário (art. 233 do CPP). Fora dessa hipótese, o conteúdo da carta não pode ser divulgado sem permissão do autor. De modo semelhante, tem-se entendido ser lícita a gravação de conversa telefônica, por um dos interlocutores, sem a ciência do outro, para posterior uso em juízo, na defesa de direitos.

Quanto à valoração das provas, vigora o princípio da *persuasão racional*. O juiz julga conforme seu livre convencimento, vinculado, porém, à prova dos autos e à obrigação de fundamentar a sua convicção.

No Júri, contudo, o princípio é outro. É o do livre convencimento puro, ou da convicção íntima. O jurado não promete julgar de acordo com a lei ou de acordo com a prova, mas tão somente "de acordo com a sua consciência e os ditames da justiça" (art. 472 do CPP). E o jurado também não precisa fundamentar o seu voto.

Classificação das provas. A prova pode ser plena, justificando uma condenação. Ou *não plena*, em que restam dúvidas, insuficiente para uma condenação. Uma modalidade de prova não plena é o indício isolado.[29]

Prova direta é a que versa sobre o próprio fato. *Prova indireta* é a prova de indícios ou sobre fatos correlatos. *Prova real* é a que versa sobre objetos. *Prova pessoal* é a que envolve declarações, como o interrogatório

---

27. A interceptação telefônica pode ser determinada pelo juiz. Constitui crime, apenado com 2 a 4 anos de reclusão e multa, a interceptação sem autorização judicial (L 9.296/96, art. 10). São também proibidas as provas derivadas das ilícitas (CPP, art. 157, § 1º).

28. **Material genético, coleta.** A coleta de material biológico nos termos do art. 9º-A da Lei de Execução Penal não viola o princípio da presunção de inocência ou o de não autoincriminação, porquanto já reconhecida a culpabilidade do agente, em decisão transitada em julgado.

29. Sobre indícios, v. adiante, item 19.9.

ou o testemunho. *Documental* é a referente a sinais ou inscrições em papéis ou objetos.

CLASSIFICAÇÃO
DAS PROVAS
{ *plena ou não plena*
direta ou indireta
real, pessoal ou documental }

19.1 Exame de corpo de delito

Corpo de delito são as alterações materiais deixadas pela infração penal. Nos crimes que deixam vestígio, o exame pericial, ou exame de corpo de delito, é indispensável, sob pena de nulidade (art. 564, III, "b"). No homicídio, por exemplo, impõe-se o exame necroscópico.

Realiza-se a perícia por um perito oficial, portador de diploma de curso superior, dispensado o diploma no caso de perito habilitado até a entrada em vigor da Lei 11.690/2008 (cf. art. 2º). Na falta de perito oficial o exame pode ser realizado por duas pessoas idôneas, com curso superior (art. 159, § 1º). O juiz não ficará adstrito ao laudo, podendo aceitá-lo ou rejeitá-lo, no todo ou em parte (CPP, art. 182).

O exame de corpo de delito não pode ser suprido nem pela confissão do acusado (art. 158 do CPP). Se a infração deixou vestígio e a perícia não foi feita, nula é a prova, devendo o réu ser absolvido.

Mas, se os vestígios desapareceram, impossibilitando o exame de corpo de delito, poderá este ser suprido pela prova testemunhal (art. 167 do CPP). Como, por exemplo, no homicídio em que o corpo da vítima foi jogado ao mar e desapareceu.

Às vezes os vestígios que existiam apagam-se, por causa da demora na realização da perícia, tornando-se esta impossível. Neste caso, ponderável corrente da doutrina entende que a perícia não pode mais ser suprida pela prova testemunhal, impondo-se também a absolvição.[30]

Exame direto é o realizado sobre a pessoa ou coisa objeto da ação delituosa. *Exame indireto* é o realizado sobre dados paralelos, como ficha médica de paciente ou depoimento de testemunha. *Exame complementar* é o feito para completar ou substituir outro.

30. "Sendo possível o exame de corpo de delito direto, não se pode aceitar o indireto" (Mirabete, *Processo Penal*, p. 259). "Se os vestígios desapareceram em virtude de inércia (...) a menor segurança da prova testemunhal não pode ser carreada ao acusado" (Greco, *Manual*, p. 197). "Nas infrações que tenham deixado vestígios, desde que não tenha existido obstáculo à realização do exame de corpo de delito e este não é realizado, o processo se torna nulo" (*RT* 413/88).

19.2 Interrogatório

A falta injustificada do interrogatório é causa de nulidade (arts. 185-196).

Se o interrogatório do acusado não for realizado no momento próprio – em regra, após produzidas todas as provas, imediatamente antes dos debates –, poderá ser feito em qualquer tempo, até a sentença. Pode o interrogatório também ser renovado, sempre que necessário.

O interrogatório compõe-se de duas partes: sobre a pessoa do acusado e sobre os fatos.

O réu preso é interrogado em sala própria da prisão em que estiver recolhido. Excepcionalmente cabe interrogatório por videoconferência, desde que a medida seja necessária, como para a prevenção de risco à segurança pública (CPP, art. 185).

No final do interrogatório o juiz consulta as partes sobre se existe algum outro fato para ser esclarecido, formulando as perguntas correspondentes ao interrogado, se assim considerar pertinente e relevante (art. 188 do CPP).

No caso de citação por edital o acusado será interrogado se comparecer (art. 363, § 4º).

19.3 Confissão

A confissão é o reconhecimento, pelo réu, da autoria dos fatos que lhe são imputados. Tem o mesmo valor, pelo menos em tese, que qualquer outra prova, devendo ser confrontada com os demais elementos dos autos.

Como ninguém pode ser obrigado a produzir prova contra si mesmo (art. 5º LXIII, da CF e 186 do CPP), é nulo o depoimento do réu que foi ouvido como testemunha na fase de investigação, sem advertência sobre a sua condição de investigado (STJ, 5ª T., HC 249.330, rel. Min. Jorge Mussi, j. 12.2.2015).[31]

A confissão não supre o exame de corpo de delito (art. 158 do CPP).

O silêncio do réu não implica confissão e não pode ser interpretado em prejuízo da defesa (art. 52, LXIII, da CF; art. 186, § ún., do CPP).

---

31. **Frutos da árvore envenenada.** Pela tese dos "frutos da árvore envenenada" a nulidade da prova colhida ilicitamente contamina todos os atos posteriores. Porém, no julgado acima citado, a denúncia foi considerada válida porque se baseou em outras provas que não tinham qualquer liame ou nexo causal com as declarações nulas.

A confissão é retratável e divisível. Retratável porque pode o réu desdizer-se (cabendo ao juiz avaliar se a verdade está na confissão ou na retratação). Divisível porque pode ser aceita ou repudiada em parte.

A confissão extrajudicial, feita no inquérito, mesmo que retratada depois em juízo, costuma permanecer válida, desde que em harmonia com os demais elementos da instrução.

A confissão pode ser expressa ou tácita. Pode ser judicial (perante o juiz) ou extrajudicial (no inquérito ou em declaração escrita), casos em que deve ser convalidada pelo juiz.

Diz-se que a confissão é qualificada quando o réu a faz para fundamentar a alegação de legítima defesa ou outra excludente de crime ou de culpabilidade.

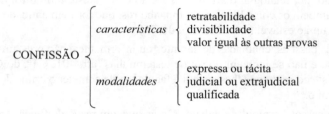

19.4 Perguntas ao ofendido

O ofendido não é testemunha, não é computado no rol de testemunhas e não presta o compromisso de dizer a verdade. Tem, porém, a obrigação de prestar declarações, podendo ser conduzido coercitivamente (art. 201 do CPP).[32]

19.5 Testemunhas[33]

A testemunha não pode recusar-se a depor. Não comparecendo, sem motivo justificado, pode sofrer condução coercitiva, multa, responsabilização por custas ou por crime de desobediência (arts. 202-225 do CPP).

O falso testemunho sujeita a testemunha às penas do art. 342 do CP.

Determinadas pessoas, porém, podem recusar-se a depor, outras não prestam compromisso de dizer a verdade e outras, ainda, são proibidas de depor.

---

32. O ofendido será comunicado dos atos processuais relativos ao ingresso e à saída do acusado da prisão (CPP, art. 201, § 2º).

33. **Criança e adolescente, vítima ou testemunha.** A escuta especializada, por órgão da rede de proteção, e o depoimento especial, perante autoridade policial ou judiciária, são regulados pela L 13.431/2017.

Podem recusar-se a depor certos parentes do acusado, bem como o cônjuge, mesmo separado judicialmente (art. 206 do CPP). Sendo necessário, porém, essas pessoas deverão dar suas declarações, mas sem prestar compromisso (art. 208 do CPP). De acordo com uma corrente, o cônjuge e os parentes do ofendido também podem recusar-se a depor.

O espírito da lei, no art. 206 do CPP, foi o de isentar o ex-cônjuge da obrigação de depor, abrangendo, portanto, as figuras atuais da separação judicial e do divórcio.[34]

As pessoas que não prestam o compromisso de dizer a verdade são o ofendido, os que podem recusar-se a depor, os doentes ou deficientes mentais e os menores de 14 anos. Muitos juízes dispensam também do compromisso a testemunha que for inimigo capital ou amigo íntimo da parte, aplicando, por analogia, o art. 447, § 3º, do CPC. Neste último rol devem entrar também os concubinos ou companheiros, que formem entidade familiar, em união estável (art. 226, § 3º, da CF).

Tais pessoas, chamadas declarantes ou informantes, não prestam compromisso e não se incluem no rol de testemunhas (art. 401, § 1º, do CPP). Mas existe corrente que lhes atribui a faculdade de cometer o crime de falso testemunho.[35]

As pessoas proibidas de depor são as que, em razão de função, ministério, ofício ou profissão, devam guardar segredo, salvo se, desobrigadas pela parte interessada, quiserem dar seu testemunho (art. 207 do CPP) (v. tb. art. 7º, XIX, do Estatuto da Advocacia, L 8.906, de 4.7.94).

Antes de iniciado o depoimento, as partes poderão contraditar a testemunha, indicando circunstância que a torne suspeita de parcialidade, como, por exemplo, a amizade íntima ou a inimizade capital. Poderão também arguir defeito que a torne indigna de fé, como, por exemplo, uma testemunha já condenada anteriormente por falso testemunho. São duas hipóteses, portanto, a *contradita* (no caso de possível parcialidade) e a *arguição de defeito* (no caso de defeito pessoal).

Mas, em qualquer caso, a testemunha só será dispensada do depoimento ou do compromisso se for proibida de depor ou tiver direito de recusar-se a depor ou de não prestar compromisso (art. 214 do CPP).

Testemunhas numerárias são as arroladas pelas partes, dentro do limite permitido. *Referidas* são as apontadas por outras testemunhas, sendo

---

34. Mirabete é de opinião diversa, entendendo que o cônjuge divorciado é obrigado a depor (*Processo Penal*, p. 279).

35. Há duas correntes sobre o declarante ou informante. Pode cometer falso testemunho: *RT* 415/63, 535/282, 555/345. Não pode: *RT* 448/359, 492/ 287, 508/354, 546/383, 597/333, 607/305.

ouvidas se ao juiz parecer conveniente. *Próprias* são as que depõem sobre os fatos do processo. *Impróprias* ou *instrumentárias* são as chamadas para assistir a determinado ato formal, como a lavratura de um auto de prisão em flagrante.[36]

As perguntas serão formuladas pelas partes diretamente à testemunha (art. 212).

| TESTEMUNHAS ||||
CATEGORIAS	PODEM RECUSAR-SE A DEPOR	NÃO PRESTAM COMPROMISSO	PROIBIDOS DE DEPOR
numerárias	certos parentes do acusado	o ofendido	médicos
referidas		os que podem recusar--se a depor	advogados
informantes	cônjuge e ex-cônjuge		etc.
próprias		doentes e deficientes mentais	
instrumentárias		menores de 14 anos	

19.6 Reconhecimento de pessoas e coisas

Os arts. 226 a 228 do CPP regulam o reconhecimento de pessoas e coisas. Na fase policial costumam ser seguidas as etapas formais. Em juízo, porém, não se adotam em regra todos os trâmites, bastando que se aponte com segurança a pessoa ou coisa a ser reconhecida.

A jurisprudência salienta a precariedade do reconhecimento por fotografia, que deve ser visto com reservas e só ser considerado em conjunto com outras provas.

19.7 Acareação

A acareação destina-se ao esclarecimento de pontos divergentes em depoimentos e declarações (arts. 229 e 230 do CPP).

---

36. *Testemunhas e vítimas de crimes*, se estiverem sob ameaça, podem obter proteção especial, própria e de seus familiares, como escolta, mudança de nome, ajuda financeira e várias outras garantias. Assim também indiciados e acusados que colaborem voluntariamente na investigação policial e no processo criminal (L 9.807/99). V. tb. D 3.518/2000.

Geralmente a acareação produz poucos resultados. A tendência dos declarantes quase sempre é a da reafirmação pura e simples do que disseram anteriormente.

Mas, às vezes, uma acareação bem conduzida muda completamente o rumo do inquérito ou do processo.[37]

19.8 Documentos

Salvo os casos expressos em lei, as partes poderão apresentar documentos em qualquer fase do processo (art. 231 do CPP). Não é permitida a exibição ou a leitura de documento no plenário do Júri sem a ciência antecipada da parte contrária (art. 479).

Documento é qualquer objeto que contenha marca ou sinal, como superfícies escritas, papéis, cartas, fotografias, filmes, gravações sonoras etc.

As cartas particulares, interceptadas ou obtidas por meios criminosos, não serão admitidas em juízo (art. 233 do CPP). O mesmo ocorre com as fitas magnéticas e a escuta telefônica.[38]

Não é permitida a apreensão de documento em poder do defensor do acusado, salvo quando constituir elemento do corpo de delito (art. 243, § 2º, do CPP).

"São inadmissíveis, no processo, as provas obtidas por meios ilícitos" (art. 5º, LVI, da CF).

19.9 Indícios

Indícios são provas circunstanciais, ou elementos dos quais podem derivar certas suposições (art. 239 do CPP).[39] Servem geralmente como começo de prova, mas podem servir também como meio regular de prova.

Como começo de prova, servem os indícios para fundamentar várias medidas legais, como a prisão preventiva (art. 312), a pronúncia (art. 413) ou o sequestro de bens (art. 126).

37. A acareação deve ser feita de modo que os acareados expliquem, frente a frente, os pontos de divergência, devendo a autoridade consignar as palavras, bem como a reação ou atitude de cada um.
38. Sobre cartas particulares e escuta telefônica, v., antes, o item 19 ("Prova").
39. **Indício**. "Sinal ou fato que deixa entrever alguma coisa, sem a descobrir completamente, mas constituindo princípio de prova. Vestígio" (*Dicionário Lello*).

O inquérito policial pressupõe a existência de indícios da infração penal e da autoria, sem o quê poderá ser trancado por falta de justa causa, mediante *habeas corpus*.

Como meio regular de prova, podem os indícios fundamentar a condenação. Neste caso, porém, não se poderá aceitar um indício isolado, sendo necessário que exista uma soma harmônica de vários indícios ponderáveis.[40]

INDÍCIOS
- *a*) começo de prova
- *b*) meio regular de prova (conjunto de indícios)

19.10 Presunções

Presunções são suposições baseadas na experiência comum, feitas a Presunções são suposições baseadas na experiência comum, feitas a partir da observação de certas circunstâncias. Dividem-se em presunções *hominis* e presunções legais.

As presunções *hominis* (do homem) são da experiência de cada um, de acordo com o que costuma acontecer (*id quod plerumque accidit*). As presunções legais são as estipuladas pela lei e podem ser *absolutas*, não admitindo prova em contrário (presunções *juris et de jure*), ou *relativas*, que admitem prova em contrário (presunções *juris tantum*).

Exemplo de presunção *hominis*: havendo nuvens, deve chover. Exemplo de presunção legal absoluta (*juris et de jure*) de perigo: disparo de arma de fogo. Exemplo de presunção legal relativa (*juris tantum*): presumem-se legítimos, até prova em contrário, os atos praticados pela Administração Pública.

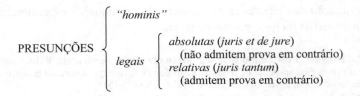

PRESUNÇÕES
- "hominis"
- legais
  - *absolutas* (*juris et de jure*) (não admitem prova em contrário)
  - *relativas* (*juris tantum*) (admitem prova em contrário)

---

40. "Sendo a prova indireta mais segura, formada por indícios concatenados, sem contraindícios ou prova direta que os desautorize, possível é a condenação nela baseada" (*RJDTACrimSP* 16/133; *JSTJ* 43/392; *RT* 769/602; 823/506).

19.11 Busca e apreensão

A busca pode ser domiciliar ou pessoal (arts. 240-250 do CPP).

Deve a busca ater-se aos requisitos legais, pois não se admitem provas obtidas por meios ilícitos (art. 5º, LVI, da CF).

Não vale, portanto, a prova obtida em busca domiciliar feita sem ordem judicial, vez que só o juiz pode ordenar a diligência.[41]

Não vale a violação de carta destinada ao acusado ou em seu poder (art. 5º, XII, da CF).[42]

Mas a carta pode ser apreendida com o consentimento do acusado, ou se a mesma constituir instrumento de crime,[43] como, por exemplo, no tráfico de drogas por meio de cartas.

A busca domiciliar só pode ser feita de dia, entre o raiar e o cair do sol (critério penal), ou das 6 às 20h (critério civil – art. 172 do CPC).

De noite o acesso à casa só é possível com o consentimento do morador, ou na ocorrência de flagrante delito ou desastre, ou para prestar socorro (art. 5º, XI, da CF; art. 150, § 3º, do CP).

Não é permitida a apreensão de documento em poder do defensor do acusado, salvo quando constituir elemento do corpo de delito (art. 243, § 2º, do CPP).

19.12 Organizações criminosas

Organização criminosa é a associação de quatro ou mais pessoas, organizada estruturalmente e com divisão de tarefas, mesmo que de maneira informal, com o objetivo de obter vantagem econômica ou não, mediante a prática de infrações penais que tenham penas máximas superiores a quatro anos ou que sejam de caráter transnacional.

A Lei 12.850/2013 instituiu um rol de medidas *sui generis* referentes à investigação das atividades da organização criminosa,[44] especialmente quanto ao uso de meios especiais de prova.

---

41. **Drogas – Busca domiciliar sem mandado**. Crime permanente. Existência de fundadas razões para suspeitar de flagrante de tráfico de drogas que autoriza a busca, com controle jurisdicional posterior (STF, RE 603.616, j. 5.11.2015).

42. A disposição do art. 240, § 1º, "f", do CPP, que permitia a apreensão de cartas, está revogada (art. 5º, XII, da CF).

43. Nesse sentido: Mirabete, *Processo Penal*, 1991, p. 305.

44. Além das organizações criminosas, as medidas da L 12.850/2013 se aplicam também em mais duas hipóteses: (a) infrações penais previstas em tratado ou convenção internacional quando, iniciada a execução no País, o resultado tenha ou devesse ter ocor-

19.12.1 Colaboração premiada

Conforme a relevância da colaboração prestada e a personalidade e conduta do colaborador, ele pode ser agraciado com perdão judicial, redução de até 2/3 na pena privativa de liberdade ou substituição por pena restritiva de direitos. O Ministério Público pode deixar de oferecer denúncia, caso o colaborador não seja líder da organização criminosa e caso seja o primeiro a prestar efetiva colaboração.

Para que a colaboração surta efeitos benéficos, exige-se a voluntariedade do agente (requisito subjetivo), e pelo menos um dos resultados descritos no art. 4º da Lei 12.850/2013[45] (requisito objetivo). A *colaboração posterior* à sentença produz redução de até 1/2 da pena ou a progressão de regime prisional, mesmo antes do cumprimento da fração de pena correspondente.

A colaboração e o respectivo benefício são formalizados por meio de um acordo firmado entre o delegado de polícia ou Ministério Público e o colaborador, com posterior homologação judicial. Pode o juiz modificar a proposta, para adequá-la ao caso concreto, ou mesmo recusar a homologação, se ausentes os requisitos legais.

As provas autoincriminatórias não podem ser utilizadas exclusivamente contra o colaborador, que, ao contrário dos demais réus, presta compromisso de dizer a verdade. O colaborador tem ainda direito a várias medidas de proteção específicas,[46] além das genéricas previstas na Lei 9.807/99.[47]

---

rido no estrangeiro, ou reciprocamente; e (b) organizações terroristas, entendidas como aquelas voltadas para a prática dos atos de terrorismo legalmente definidos.

45. (1) Identificação dos demais coautores e partícipes da organização criminosa e das infrações penais por eles praticadas; (2) revelação da estrutura hierárquica e da divisão de tarefas da organização criminosa; (3) prevenção de infrações penais decorrentes das atividades da organização criminosa; (4) recuperação total ou parcial do produto ou do proveito das infrações penais praticadas pela organização criminosa; (5) localização de eventual vítima com a sua integridade física preservada.

46. (a) Ter nome, qualificação, imagem e demais informações pessoais preservados; (b) ser conduzido, em juízo, separadamente dos demais coautores e partícipes; (c) participar das audiências sem contato visual com os outros acusados; (d) não ter sua identidade revelada pelos meios de comunicação, nem ser fotografado ou filmado, sem sua prévia autorização por escrito; (e) cumprir pena em estabelecimento penal diverso dos demais corréus ou condenados (art. 5º da L 12.850/2013).

47. A L 9.807/99 cuida de *programas especiais de proteção a vítimas e testemunhas*: "Art. 7º. Os programas compreendem, dentre outras, as seguintes medidas, aplicáveis isolada ou cumulativamente em benefício da pessoa protegida, segundo a gravidade e as circunstâncias de cada caso: I – segurança na residência, incluindo o controle de telecomunicações; II – escolta e segurança nos deslocamentos da residência, inclusive para fins de trabalho ou para a prestação de depoimentos; III – transferência de residência ou acomodação provisória em local compatível com a proteção; IV – preservação da iden-

19.12.2 Ação controlada

Consiste em retardar a intervenção policial ou administrativa, aguardando um momento mais eficaz para a obtenção da prova e de informações.

Este período de observação e aguardo deve ser previamente comunicado ao juiz competente, que pode estabelecer limites para o retardamento. O acesso aos autos fica restrito ao juiz, ao Ministério Público e ao delegado de polícia.

19.12.3 Infiltração de agentes

A infiltração de agentes de polícia nas atividades da organização criminosa e os limites desta infiltração são estabelecidos em decisão judicial fundamentada, emitida em procedimento sigiloso. O prazo é de até seis meses, prorrogáveis. Duas são as condições: indícios de crime cuja pena máxima seja superior a 4 anos ou tenha caráter transnacional e impossibilidade de a prova ser produzida por meios convencionais.

O procedimento sigiloso tem *contraditório diferido*, isto é, a Defesa somente tem ciência das informações colhidas na infiltração após o oferecimento da denúncia.

O agente policial infiltrado tem preservada sua identidade. Sua atuação é sempre voluntária. Não é punível a prática de crime no curso da investigação, quando inexigível conduta diversa, embora o agente responda pelos excessos praticados.

19.12.4 Acesso a informações sigilosas

Independentemente de autorização judicial, o delegado de polícia e o Ministério Público têm acesso às informações referentes à qualificação pessoal, filiação e endereço do investigado, constantes dos registros mantidos pela Justiça Eleitoral, empresas telefônicas, instituições financeiras, provedores de internet e administradoras de cartão de crédito. As empresas de transporte devem possibilitar o acesso às informações referentes às reservas

tidade, imagem e dados pessoais; V – ajuda financeira mensal para prover as despesas necessárias à subsistência individual ou familiar, no caso de a pessoa protegida estar impossibilitada de desenvolver trabalho regular ou de inexistência de qualquer fonte de renda; VI – suspensão temporária das atividades funcionais, sem prejuízo dos respectivos vencimentos ou vantagens, quando servidor público ou militar; VII – apoio e assistência social, médica e psicológica; VIII – sigilo em relação aos atos praticados em virtude da proteção concedida; IX – apoio do órgão executor do programa para o cumprimento de obrigações civis e administrativas que exijam o comparecimento pessoal. Parágrafo único. A ajuda financeira mensal terá um teto fixado pelo conselho deliberativo no início de cada exercício financeiro".

e registro de viagens e as concessionárias de telefonia devem fornecer os registros de identificação dos números dos terminais de origem e de destino das ligações telefônicas internacionais, interurbanas e locais. Os dados sobre as ligações telefônicas devem ser mantidos por 5 anos.

20. Do juiz

Ao juiz incumbe a direção do processo.

Requisitos do cargo são a investidura regular, a capacidade física e mental, o grau de instrução exigido e a imparcialidade. Garantias do cargo, ou predicamentos da Magistratura, são a vitaliciedade, a inamovibilidade e a irredutibilidade de subsídio.

Com as prerrogativas da Magistratura, pretendeu o constituinte assegurar a independência dos magistrados, para que possam decidir com tranquilidade.

Vitaliciedade é a prerrogativa pela qual, após 2 anos de exercício, o juiz só perderá o cargo por sentença judicial ou aposentadoria compulsória.

Inamovibilidade significa que o juiz não pode ser afastado do cargo, exceto em remoção por interesse público, em decisão pelo voto da maioria absoluta do respectivo tribunal ou do Conselho Nacional de Justiça (art. 93, VIII, da CF).

Irredutibilidade de subsídio. O subsídio dos magistrados não pode ser reduzido. Sujeita-se, porém, ao teto constitucional, ao sistema de parcela única e ao imposto de renda.

A Lei Complementar 35, de 14.3.79, constitui a Lei Orgânica da Magistratura Nacional.

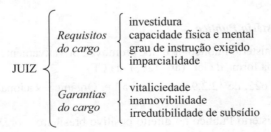

20.1 Impedimento e suspeição

Os impedimentos do juiz constam dos arts. 252 e 253 do CPP, como, por exemplo, ter o juiz interesse na causa. As suspeições constam do art.

254, como, por exemplo, a amizade íntima do juiz com uma das partes. Os impedimentos, em regra, têm caráter objetivo e geram nulidade absoluta, e as suspeições, em regra, têm caráter subjetivo e geram nulidade relativa.

O juiz, se for o caso, deve dar-se por suspeito ou impedido, declarando o motivo e remetendo o processo ao seu substituto. Se a abstenção se der por motivo íntimo, este não constará dos autos, sendo apenas comunicado aos órgãos superiores (em analogia com o art. 135, § ún., do CPC).

Pelas partes, o impedimento do juiz pode ser denunciado por objeção (sem forma especial). E a suspeição pode ser denunciada tanto por objeção como por exceção (esta última, autuada e decidida em separado) (arts. 98-100 do CPP). Não se pode opor suspeição à autoridade policial (art. 107 do CPP).

Os impedimentos e suspeições aplicam-se também aos jurados (arts. 106 e 462), ao representante do Ministério Público (arts. 104, 112 e 258), bem como aos peritos, intérpretes e funcionários da Justiça (arts. 105 e 112).

Não se caracteriza a suspeição do juiz se a parte injuriá-lo ou de propósito der motivo para criá-la (art. 256 do CPP).

Impedimento	Suspeição
arts. 252 e 253 do CPP	art. 254 do CPP
nulidade absoluta	nulidade relativa
caráter objetivo, em regra denunciável por objeção (sem forma especial)	caráter subjetivo, em regra denunciável tanto por objeção (nos autos, sem forma especial) como por exceção (em petição autuada em separado)

21. O Ministério Público

"Ao Ministério Público incumbe promover, privativamente, a ação penal pública, na forma da lei" (art. 129, I, da CF).

A Lei 8.625, de 12.2.93, constitui a Lei Orgânica Nacional do Ministério Público.

"O Ministério Público no direito positivo brasileiro é órgão independente, que não integra nem o Legislativo, nem o Executivo e nem o Judiciário, embora exerça função administrativa que, todavia, não se confunde com a tradicional função administrativa exercida caracteristicamente pelo Poder Executivo." A função do Ministério Público "é a de defender os interesses da sociedade, quer em relação ao Governo e/ou à Administração

Pública, quer quando a ofensa seja cometida pelos particulares" (cf. José Emmanuel Burle Filho e Maurício Augusto Gomes).[48]

O Ministério Público tem as mesmas garantias dos juízes, de vitaliciedade, inamovibilidade e irredutibilidade de subsídio (art. 128, § 5º, I, da CF).

O Ministério Público pode promover investigações criminais autônomas, independentemente da Polícia, especialmente quando houver ofensa ao patrimônio público, envolvimento de autoridades policiais em crimes e abuso de poder (STF, Pleno, RE 593.727, Repercussão Geral, j. 14.5.2015).

22. O acusado e seu defensor

O acusado deve ser identificado com nome e demais dados da pessoa. O art. 259 do CPP, porém, permite a propositura de ação penal apenas com a descrição das características físicas do indivíduo, sem seu nome e qualificação. A hipótese não é usual, nem recomendável, só devendo ser adotada em casos extremos.

Se o acusado não comparecer ao interrogatório será considerado revel (art. 366). Mas o juiz poderá determinar a condução coercitiva, se necessário (art. 260).

O defensor pode ser constituído por procuração ou por indicação no interrogatório (art. 266). Se o acusado não tiver defensor, o juiz lhe nomeará um defensor dativo (art. 263).

O defensor não pode abandonar o processo sem motivo relevante (art. 265).

23. Dos assistentes

O ofendido pode habilitar-se como assistente do Ministério Público, através de advogado, para reforçar a acusação e acautelar a reparação civil (art. 268). Na falta do ofendido, podem habilitar-se seu cônjuge, ascendente, descendente ou irmão (art. 268).

Já se entendeu que a companheira do ofendido não pode ser assistente (*RT* 603/301). Mas ela participa de entidade familiar e faz jus à reparação de danos, tem legítimo interesse e direito à proteção do Estado (art. 226, § 3º,

---

48. *Ministério Público, as Funções do Estado e seu Posicionamento Constitucional*, tese aprovada por unanimidade no VIII Congresso Nacional do Ministério Público (cidade de Natal, 1990). Não cabe ao MP presidir inquérito policial, não estando, porém, impedido de colher provas complementares para esclarecimento da denúncia (*RT* 906/435, 908/548).

da CF). Por isso, em que pese a respeitáveis opiniões em contrário, deve a companheira ser admitida como assistente, na falta do companheiro.[49]

O Ministério Público é ouvido sobre a admissão do assistente.

O despacho que defere ou indefere a assistência é irrecorrível (art. 273 do CPP), restando, contudo, no caso de indeferimento, o caminho do mandado de segurança ou da correição parcial.

O assistente pode secundar o Ministério Público praticamente em tudo. Menos no arrolamento de testemunhas, vez que o rol é o da denúncia. Nada impede, porém, a indicação de testemunhas, para serem ouvidas a critério do juiz (art. 209).

Pode ser afastado da ação o assistente sem legítimo interesse, ou que perturbar deliberadamente a acusação. O assistente que faltar injustificadamente a um ato do processo não será intimado dos demais.

24. Prisão provisória

São provisórias a prisão em flagrante (arts. 301-310), a prisão preventiva (arts. 311-316) e a prisão temporária (L 7.960/89).

A CF admite também outras prisões, como a disciplinar, no caso de transgressão militar ou crime propriamente militar (art. 5º, LXI, da CF), a prisão durante o estado de defesa (art. 136, § 3º, I, da CF) e do estado de sítio (art. 139, II, da CF).

A prisão e o local onde o preso se encontra serão comunicados imediatamente ao juiz e à família do preso ou à pessoa por ele indicada. Na ocasião da prisão, o preso será informado de seus direitos, especialmente o de permanecer calado, assegurando-se-lhe a assistência da família, do advogado e a identificação dos responsáveis por sua prisão.

PRISÃO PROVISÓRIA { prisão em flagrante
prisão preventiva
prisão temporária

Com exceção da prisão disciplinar, a do estado de defesa, a do estado de sítio e a recaptura do réu evadido (art. 684), toda prisão só poderá ser efetuada em flagrante delito ou por ordem escrita e fundamentada da autoridade judiciária competente.[50]

49. O concubinato, dentro de certos critérios, pode assumir a posição de união estável, que equivale a um novo estado civil, o de *convivente* ou *companheiro* (L 8.971/94 e L 9.278/96).

50. Desde 5 dias antes e até 48 horas depois do encerramento das eleições o eleitor não poderá ser preso, exceto em flagrante ou em virtude de sentença criminal condenatória

Mandado de prisão e sua execução. O CPP preocupa-se muito com o mandado de prisão, regulando minudentemente sua expedição e execução.

A ordem (mandado) é lavrada pelo escrivão e assinada pelo juiz e deverá conter a qualificação completa da pessoa a ser presa, a infração penal e os motivos da prisão, o valor da fiança, quando afiançável a infração, e será dirigida a quem tiver a atribuição de executá-la (oficial de justiça ou policial). O mandado será passado em duplicata e o preso passará recibo em uma das vias.[51]

A execução do mandado será realizada em qualquer dia e horário, guardadas as disposições sobre a inviolabilidade do domicílio.

Se o réu estiver fora da comarca, a prisão será deprecada. Havendo urgência, o juiz pode requisitar a prisão por telegrama.

No caso de perseguição, passando o réu para outra comarca, o executor da prisão poderá prendê-lo onde o alcançar, apresentando-o imediatamente à autoridade policial local, que lavrará auto de prisão em flagrante, se for o caso, e providenciará sua remoção para apresentação ao juiz que determinou a prisão.

Ocorre a *perseguição real* quando o réu é avistado e perseguido pelo executor, embora depois possa tê-lo perdido de vista por algum tempo. A *perseguição ficta* é aquela em que o executor recebe informação de que o réu passou, há pouco tempo, pelo local ou em determinada direção, e vai em seu encalço.

Se o executor tiver certeza de que o réu está em uma casa, intimará o morador a entregá-lo, apresentando o mandado. Se não for imediatamente obedecido, convocará duas testemunhas e entrará à força na casa, se for de dia (das 6 às 18h). Sendo noite, guardará todas as saídas e entrará à força na casa logo que amanheça.[52]

O morador que, de dia, não entregar o réu poderá ser responsabilizado criminalmente (arts. 329, 330 e 348 do CP) e será conduzido à presença da autoridade policial.

Como a CF determina que a casa é o asilo inviolável do indivíduo e que o mandado ali só poderá ser executado coercitivamente durante o dia,

---

por crime inafiançável ou, ainda, por desrespeito a salvo-conduto (art. 236 do Código Eleitoral).

51. Se a infração for inafiançável, a falta de exibição do mandado ao preso não impede a prisão, mas, neste caso, o preso será imediatamente apresentado ao juiz que expediu o mandado (art. 287).

52. No caso de prisão em flagrante, a execução forçada poderá ser realizada mesmo durante a noite (art. 5º, XI, da CF), sem o consentimento do morador.

o morador que, à noite, não entregar o réu não pode ser responsabilizado criminalmente, vez que está no exercício regular de direito.

O momento da prisão. A prisão em virtude de mandado entender-se-á feita no momento em que o executor, apresentando-se ao réu, lhe exibe o mandado e o intima a acompanhá-lo (art. 291).

Uso de força e recolhimento do preso. Para a execução do mandado ou prisão em flagrante, não é permitido o emprego de força, salvo a indispensável no caso de resistência ou tentativa de fuga (art. 284).

Para que o preso seja recolhido à prisão, deverá ser exibido o mandado ou a guia de recolhimento ao diretor da cadeia ou ao carcereiro, que passará recibo da entrega do preso, com declaração de dia e hora.

Prisão especial. Certas pessoas têm direito à prisão especial (sempre provisoriamente), prisão essa que hoje consiste apenas no recolhimento em estabelecimento específico ou em cela distinta, e em transporte separado do preso comum. A cela especial poderá ser coletiva.[53] A prisão especial, como é uma prisão provisória, só vigora até a sentença condenatória definitiva.

Têm direito à prisão especial os ministros de Estado, os governadores, os oficiais das Forças Armadas, os magistrados, os jurados, todos os diplomados nas faculdades superiores da República e várias outras pessoas apontadas no art. 295 do CPP e em leis especiais.[54]

Os direitos inerentes à prisão especial devem ser exercidos dentro das condições locais, até mesmo na cadeia pública, em cela separada, dispensando-se tratamento diferenciado ao preso.

Se não houver estabelecimento adequado, poderá ser concedido o regime de prisão provisória domiciliar, na própria residência, de onde o preso não poderá se afastar sem prévio consentimento judicial (L 5.256, de 6.4.67). Sobre o recolhimento do advogado, v., adiante, no item 24.2, o tópico "Advogado".

24.1 Prisão em flagrante

Prisão em flagrante é a prisão provisória efetuada quando a infração penal está ocorrendo ou acaba de ocorrer, quando o delito[55] está flamando, queimando. É o estado de flagrância.

---

53. Art. 295, §§ 1º, 2º e 3º, do CPP.

54. Enquanto não sobrevier sentença condenatória, nas infrações comuns, o Presidente da República não está sujeito a prisão (art. 86, § 3º, da CF).

55. Embora o art. 301 do CPP se refira a flagrante delito (crime), é pacífico que a prisão em flagrante também é admissível no caso de contravenção penal, mesmo porque o art. 302, I, se refere a infração penal (crime ou contravenção).

Tipos de flagrante. Três são as situações de flagrância que autorizam a prisão: o *flagrante próprio*, o *flagrante impróprio* (ou quase-flagrante) e o *flagrante presumido* (ou ficto).

Há *flagrante próprio* quando o agente está cometendo a infração ou acaba de cometê-la. É o caso do agente surpreendido praticando o homicídio ou visto saindo da cena do crime carregando o corpo da vítima, com a faca suja de sangue na cinta (art. 302, I e II).

O *flagrante impróprio*, ou quase-flagrante, ocorre quando o agente é perseguido logo após o ilícito, em situação que faça presumir ser ele o autor da infração (art. 302, III).

Entende-se que *logo após* significa o tempo necessário para a comunicação do crime, uma rápida investigação sobre a autoria e a imediata perseguição. Embora a lei não indique a duração do *logo após*, a melhor doutrina considera que o estado de flagrância continua enquanto continuar a perseguição (*RT* 639/390).

Flagrante presumido, ou ficto, é aquele em que o agente é encontrado *logo depois*, com instrumentos, armas, objetos ou papéis que façam presumir ser ele o autor da infração (art. 302, IV). O tempo contido na expressão *logo depois* também não é delimitado pela lei. Mas exige-se que "o encontro se dê em ato sucessivo ao delito, *logo depois*[56] da prática do crime" (Borges da Rosa).

56. Os termos *logo após* e *logo depois*, que são sinônimos, há muito têm atormentado os juristas, que tentam definir o tempo contido em tais expressões. O problema, que é enfrentado também em outros países, não é de fácil solução. O que pretende o legislador é estender o flagrante para aquelas situações muito próximas do flagrante próprio. Assim, o tempo decorrido entre a infração e a prisão deve ser analisado dentro do contexto do crime e da conduta posterior do agente. No flagrante impróprio (*logo após*) é necessário que a perseguição ao agente seja iniciada quase que imediatamente. O agente perseguido deve ser determinado, porque "é preciso que as circunstâncias que cercam a perseguição o coloquem em situação que faça presumir ser ele o autor da infração", como lembra Tourinho Filho. Se o agente não é determinado, não há perseguição, mas simples investigação. Convém ressaltar novamente que a perseguição deve ser iniciada *logo após*, de imediato à conduta típica. O inciso III do art. 302 deixa bem claro que não há limite para a duração da perseguição iniciada *logo após*. Enquanto o agente for perseguido, perdurará a situação de flagrância.
 Quando não é possível determinar o agente ou realizar a perseguição, a lei prevê o flagrante presumido ou ficto: o agente é encontrado *logo depois*, com instrumentos, armas, objetos ou papéis que façam presumir ser ele o autor da infração penal. Neste caso, o tempo para a prisão deve ser curto, de horas. Mas não é absurdo estender este prazo enquanto houver desdobramentos da conduta típica. Assim, "tem-se como legítimo o flagrante, atendida a flexibilidade cronológica da expressão 'logo depois', de homicida que estava sendo procurado e foi encontrado 13 horas após o crime, ainda com o veículo e a arma por ele utilizados" (STJ, 6ª T., RHC 1.798-AM, rel. Min. José Cândido, v.u., *DJU* 16.3.92, p. 3.107, *apud Jurisprudência do STF e STJ*, APMP, 1994, p. 65).

Questões especiais. Na *infração permanente*, como no sequestro, o agente estará em flagrante delito enquanto não cessar a permanência.

Quanto ao *ilícito habitual* existem duas correntes sobre a possibilidade da prisão em flagrante. A primeira entende inadmissível o flagrante, por se exigir habitualidade. A segunda corrente admite o flagrante em alguns casos, como o da pessoa que exerce ilegalmente a Medicina quando se encontra atendendo a vários pacientes (Mirabete). Normalmente, exige-se prévia sindicância para a configuração da habitualidade.

A prisão em flagrante no *crime de ação penal privada ou pública condicionada* é matéria controvertida. Todos os doutrinadores admitem a prisão se for oferecido requerimento do ofendido, representação ou requisição do Ministro da Justiça, antes do ato.

Para Fernando da Costa Tourinho Filho (*Processo Penal*, v. III/383, Saraiva, 1987), a falta de manifestação do ofendido, de seu representante ou do Ministro da Justiça, conforme o caso, impede a prisão em flagrante.

Para Damásio E. de Jesus (*Código de Processo Penal Anotado*), a falta de manifestação não impede a prisão em flagrante, devendo, porém, soltar-se o preso se não houver manifestação de vontade daquelas pessoas dentro de 24 horas.

Na verdade, nada justifica a prisão do cidadão se a ação penal não pode ser iniciada. A representação e a requisição do Ministro da Justiça são condições de procedibilidade, sem as quais não se pode iniciar a persecução penal. Se não se pode perseguir ou intentar a ação, também não se pode prender, por falta de justa causa.

É evidente que se o ofendido, seu representante ou o Ministro da Justiça efetuarem a prisão, o ato será válido, vez que ficará nítida a manifestação de vontade daquelas pessoas.

Não se admite a prisão em flagrante no caso de *flagrante preparado*. "Não há crime quando a preparação do flagrante pela polícia torna impossível a sua consumação" (Súmula 145 do STF).

No flagrante preparado o agente é induzido à ação pelo chamado "agente provocador" (policial). Entende-se, na espécie, que o agente não praticou um crime, mas participou apenas, embora sem o saber, de uma farsa, de uma comédia. Não se considera, portanto, regular a prisão em flagrante quando o flagrante é preparado ou provocado.

Admite-se, entretanto, a prisão no *flagrante esperado*, onde a polícia apenas aguarda e observa a atuação do agente, sem ocorrer indução ou provocação ao crime.

Nas infrações abrangidas pelo Juizado Especial Criminal não se imporá prisão em flagrante, nem se exigirá fiança, se o autor do fato for imediatamente encaminhado ao Juizado ou assumir o compromisso de a ele comparecer (art. 69, § ún., da L 9.099/95).

Não se imporá prisão em flagrante nas infrações previstas no art. 28 da Lei de Drogas (uso próprio) – art. 48, § 1º, da Lei 11.343/2006.

Flagrante obrigatório e facultativo. "Qualquer do povo poderá e as autoridades policiais e seus agentes deverão prender quem quer que seja encontrado em flagrante delito" (art. 301).

A lei confere uma faculdade (*poderá*) ao particular e uma obrigação (*deverão*) à autoridade e seus agentes. Daí falar-se em flagrante facultativo, no primeiro caso, e em flagrante obrigatório, no segundo.

Auto de prisão em flagrante. Preso o agente, deverá ele ser apresentado à autoridade policial, que ouvirá o condutor e no mínimo duas testemunhas que o acompanham e interrogará o acusado, lavrando-se o auto de prisão em flagrante, que será por todos assinado.

Condutor é a pessoa responsável pela prisão, que chega conduzindo o preso. São necessárias, pelo menos, duas testemunhas. Mas o condutor pode ser considerado como testemunha para completar o número mínimo (*RT* 550/332, 633/318).

A falta de testemunhas não impedirá o auto de prisão em flagrante, mas, nesta hipótese, com o condutor deverão assiná-lo pelo menos duas pessoas que tenham testemunhado a apresentação do preso à autoridade. São as *testemunhas de apresentação.*

O conduzido deverá ser interrogado, sempre que possível. Contudo, não há nulidade na falta se o conduzido está embriagado ou ferido (*RT* 546/379).

Durante a lavratura do auto deverão ser observados os dispositivos constitucionais (comunicação à família, direito de permanecer calado etc. – art. 5º, LXII, LXIII e LXIV, da CF).

Não há nulidade na falta de comunicação à família se o preso não indica a pessoa a ser comunicada (*RT* 687/334, 692/280).

Não há nulidade se o auto não é formalizado imediatamente, desde que o seja em 24 horas após a prisão, pois o art. 306 do CPP concede esse prazo para a entrega da nota de culpa (*RT* 567/286, 683/347, 687/335).

A autoridade policial deverá desde logo arbitrar a fiança, quando cabível. A nota de culpa será dada ao preso, assinada pela autoridade policial, no prazo de 24 horas depois da prisão, com o motivo desta, o nome do condutor e o das testemunhas. O preso passará recibo da nota de culpa.

A prisão em flagrante deve ser comunicada imediatamente ao juiz competente, ao Ministério Público e à família do preso ou a pessoa por ele indicada (CPP art. 306). E o auto de prisão em flagrante lavrado na ocasião deve ser encaminhado, em até 24 horas, ao juiz, com cópia ao advogado do preso ou, na falta, à Defensoria Pública.

Ao receber o auto cabe ao juiz determinar uma das medidas previstas no art. 310 do CPP:

a) relaxar a prisão ilegal (*extinção da prisão*);

b) conceder liberdade provisória, se verificado estado de necessidade, legítima defesa ou estrito cumprimento de dever legal (*suspensão da prisão*); ou

c) converter a prisão em flagrante em prisão preventiva ou outra medida cautelar (*substituição da prisão*).

PRISÃO EM FLAGRANTE
- *flagrante próprio*
  (o agente está cometendo a infração)
- *flagrante impróprio (ou quase-flagrante)*
  (o agente é perseguido e preso logo após a infração)
- *flagrante presumido (ou ficto)*
  (o agente é encontrado e preso logo depois com instrumentos, armas, objetos ou papéis que façam presumir ser ele o autor da infração)

24.1-A Audiência de custódia

Toda pessoa presa em flagrante delito deve ser apresentada, em até 24 horas da comunicação do flagrante, à autoridade judicial competente, com a presença do Ministério Público e da Defensoria Pública ou do defensor constituído.

Na ocasião, o preso é ouvido sobre as circunstâncias em que se realizou sua prisão ou apreensão. Não são admitidas perguntas relativas ao mérito dos fatos que possam incriminar o preso. Se não puder ser apresentado na sede do juízo, a audiência será realizada no local em que ela se encontre. Na impossibilidade, aguarda-se o seu restabelecimento.

Não podem estar presentes os policiais responsáveis pela prisão ou pela investigação.

O objetivo é fiscalizar a legalidade da prisão, apurar eventual abuso, e verificar a necessidade da manutenção da custódia ou a conveniência de sua substituição por outra medida cautelar. A audiência de custódia está prevista na Resolução 213/2015 do Conselho Nacional de Justiça (CNJ) e no art. 7º, item 5, da Convenção Interamericana de Direitos Humanos "Pacto de San Jose da Costa Rica".

24.2 Prisão preventiva

Prisão preventiva é a prisão provisória decretada pelo juiz em qualquer fase do inquérito ou da instrução criminal, para garantir a ordem jurídica e social, e tem cabimento quando ficarem bem demonstrados o *fumus boni juris* (pressupostos da prisão preventiva) e o *periculum in mora* (fundamentos da prisão preventiva) e estiverem presentes as condições de sua admissibilidade. É a mais rigorosa das medidas cautelares.

Pressupostos. Exige a lei prova da existência do crime e indício suficiente de que o acusado seja o autor (art. 312, 2ª parte) (*fumus boni juris*). Não basta suspeita da materialidade, sendo necessário fato concreto, prova cabal de que o delito realmente ocorreu. Se o crime deixa vestígios, é imprescindível para a decretação da prisão preventiva a apresentação do laudo de exame de corpo de delito (art. 158), ou, na impossibilidade, de prova testemunhal que o supra (art. 167).[57]

Já, a autoria pode ser demonstrada por indício firme, suficiente, cujo exame caberá ao juiz na decretação da prisão.

Fundamentos. Presente a *fumaça do bom direito* (*fumus boni juris*), a lei exige também a demonstração de que a liberdade do acusado representa *perigo grave* (*periculum in mora*).[58]

Assim, a prisão preventiva somente pode ser decretada por garantia da ordem pública, da ordem econômica, por conveniência da instrução criminal ou para assegurar a aplicação da lei penal (art. 312, 1ª parte). Para a imposição da cautela, como garantia da ordem pública, deve-se considerar a gravidade do crime, sua repercussão social, os antecedentes e a personalidade do agente.

Os bons antecedentes, a profissão definida e a residência fixa não bastam para afastar a prisão preventiva, se demonstrado o perigo para a ordem pública (*RJDTACrimSP* 7/213).

Se conveniente para a instrução criminal,[59] a cautela também deve ser imposta. O caso mais comum de decretação por este fundamento é o do acusado que ameaça testemunhas ou vítimas, ou tenta subornar peritos.

---

57. Nos delitos de tóxicos a materialidade pode ser demonstrada pelo laudo provisório de constatação, como ocorre na prisão em flagrante. Se fosse exigível o laudo definitivo, toda prisão em flagrante por crime desta natureza seria convertida obrigatoriamente em liberdade provisória (art. 50, § 1º, da L 11.343/2006).
58. **Ato Infracional.** Condutas pretéritas, praticadas quando adolescente, devem ser consideradas para verificação da periculosidade do agente e evidenciar eventual risco concreto do cometimento de novos delitos, que não aconselha a liberdade (STJ, RHC 63.855, j. 11.5.2016).
59. Não basta a simples revelia do réu para que seja decretada a prisão. A revelia só sofre as sanções processuais e, salvo prova em contrário, não representa perigo.

Finda a fase de instrução, e se a prisão foi decretada apenas por este fundamento, a cautela deve ser revogada.

Cabe também a cautela na violência doméstica (L 11.340/2006).

Havendo comprovação de que o acusado pretende fugir para evitar a aplicação da pena, vendendo bens de raiz e contratando passagem para o exterior, por exemplo, admite-se a prisão preventiva para assegurar a aplicação da lei penal.

Condições de admissibilidade. A prisão preventiva somente é admitida nos *crimes dolosos* punidos com pena privativa de liberdade máxima superior a 4 anos. Pode, também, ser decretada nos casos de descumprimento injustificado de obrigação imposta por alguma outra medida cautelar (prisão preventiva substitutiva).

Necessário, sempre, que haja prova da materialidade do crime e indícios suficientes da autoria.

O princípio da presunção de inocência (art. 5º, LVII, da CF) não impede a prisão preventiva (*RT* 690/380).

Não será decretada a prisão preventiva quando se verificar que o réu agiu em excludente de antijuridicidade (art. 314 do CPP).

Liberdade provisória e prisão preventiva. O instituto da liberdade provisória é absolutamente incompatível com a prisão preventiva, pouco importando se o delito é ou não afiançável.

O texto do parágrafo único do art. 310, ao determinar que o juiz deve conceder liberdade provisória se não estiverem presentes as hipóteses que autorizam a prisão preventiva, por via inversa, indica que não será concedida a liberdade se cabível a prisão preventiva. Se, no curso do processo, os motivos que ensejaram a prisão preventiva não existirem mais, a cautela deve ser revogada. Mas não é incomum os julgados concederem liberdade provisória quando o caso é de simples revogação.

Decretação, revogação e nova decretação. A prisão preventiva é decretada pelo juiz de ofício, a requerimento do Ministério Público, do querelante, ou mediante representação da autoridade policial.

O requerimento ou a representação devem ser formulados logo que ficar caracterizada a hipótese de perigo.[60]

Se o acusado, citado por edital, não comparecer, nem constituir advogado, poderá ter sua prisão preventiva decretada, com a suspensão do processo e do curso da prescrição (art. 366 do CPP).

60. Já se revogou prisão preventiva decretada 3 anos após o início do processo, pois ficou demonstrado que, naquele período, a prisão não foi tida como necessária e não houve qualquer fato novo que justificasse a medida (*RJDTACrimSP* 2/208).

O despacho que decreta a prisão preventiva deve ser fundamentado,[61] indicando os fatos concretos que sustentam a medida. Deve o juiz analisar apenas a presença dos pressupostos, dos fundamentos e das condições de admissibilidade, sem adentrar o mérito da causa, reservado para a sentença final.

Em qualquer momento, verificada a falta de motivo, a prisão preventiva será revogada, mas poderá ser novamente decretada se sobrevierem razões que a justifiquem (art. 316).

Recursos. Como não está previsto recurso contra o despacho que decreta a prisão preventiva, cabe *habeas corpus* para reformá-lo.

Da decisão que indeferir prisão preventiva ou revogá-la cabe recurso em sentido estrito (art. 581, V, do CPP).

No caso de revogação, poderá ser impetrado mandado de segurança para emprestar efeito suspensivo ao recurso.

Prazo da prisão preventiva. Até a Reforma do CPP, em 2008, entendia-se que o prazo máximo da prisão preventiva era de 81 dias, com base na soma dos prazos dos atos processuais possíveis. Esgotado o lapso sem o encerramento da instrução, estaria configurado constrangimento ilegal, impondo-se a revogação da prisão.

Hoje não há mais consenso, falando-se em 95, 115 e até em 120 dias.

Então, o eventual abuso do tempo de prisão provisória deve ser calculado em cada caso concreto, levando-se em conta todos os fatores particulares, como a complexidade da causa, o número de testemunhas e de réus, a presteza da acusação e a procrastinação defensiva, que deve ser excluída da soma.

Prisão preventiva domiciliar. A prisão preventiva pode ser substituída pela prisão preventiva domiciliar nas 6 hipóteses do art. 318: (a) maior de 80 anos; (b) debilidade extrema decorrente de doença grave; (c) pessoa imprescindível aos cuidados especiais de criança menor de 6 anos ou com deficiência; (d) gestante; (e) mulher com filho menor de 12 anos, e (f) homem, se for único responsável pelos cuidados do filho com menos de 12 anos.

Advogado. É direito do advogado ser recolhido em sala de Estado Maior (art. 7º da L 8.906/1994-EOAB). Se inexistir no local, deve ser instalado em cela individual. É incabível a conversão em prisão domiciliar (STJ, REsp 1.648.174).

---

61. Admite-se como fundamentado o despacho que simplesmente acolhe as razões expostas no requerimento ou na representação quando ali há fundamentação suficiente (*RJDTACrimSP* 11/200).

REQUISITOS DA PRISÃO PREVENTIVA
{
  "fumus boni juris" (prova da existência do crime e indícios da autoria)
  "periculum in mora" (a liberdade do acusado representa perigo grave)
  condições de admissibilidade (em princípio, só nos crimes dolosos punidos com reclusão)
}

24.3 Prisão administrativa

Prisão administrativa é aquela decretada diretamente pela autoridade administrativa, independentemente da existência de flagrante delito ou de ordem escrita e fundamentada da autoridade judiciária competente.[62]

Atualmente, as únicas modalidades existentes no ordenamento jurídico são (a) a *prisão administrativa militar*, nos casos de transgressão disciplinar ou de crime propriamente militar, assim definido em lei (art. 5º, LXI, última parte, da CF),[63] e (b) *prisão de estrangeiro ordenada pelo Ministro da Justiça*, nos procedimentos de deportação e expulsão (arts. 61 e 69 da L 6.815/80).

A prisão civil do devedor de alimentos (art. 733 do CPC) não é considerada prisão administrativa e o seu tempo não pode ser descontado da pena criminal para efeito de detração, ainda que referente aos mesmos fatos (não pagamento dos alimentos e crime de abandono material – art. 244 do CP).

A *prisão cautelar diplomática*, relacionada à extradição, é decretada pelo STF (art. 81 da L 6.815/80). Entende-se que não é necessária a presença dos requisitos da prisão preventiva.

24.4 Prisão temporária

A Medida Provisória 111/89, convertida na Lei 7.960/89, instituiu a prisão provisória temporária, por prazo limitado, quando imprescindível para a investigação de determinados crimes.

Cabimento. O art. 1º da Lei 7.960/89 dispõe que caberá prisão temporária:

I – quando imprescindível para as investigações do inquérito policial;

II – quando o indiciado não tiver residência fixa ou não fornecer elementos necessários ao esclarecimento de sua identidade;

---

62. A antiga prisão administrativa prevista no CPP (antiga redação do art. 319) era uma forma de compelir o funcionário ou o particular a entregar o dinheiro público indevidamente apropriado ou desviado. A prisão era decretada pela própria autoridade administrativa e requisitada à autoridade policial. Mas, desde a edição da CF de 1988, passou-se a entender que esta modalidade de prisão era inconstitucional.

63. O art. 9º do CPM (DL 1.001, de 21.10.69) arrola os crimes militares. Veja o texto completo do art. 9º neste Resumo, em nota ao título *Competência*.

III – quando houver fundadas razões, de acordo com qualquer prova legalmente admitida, de autoria ou participação do indiciado em homicídio doloso (art. 121, *caput* e seu § 2º, do CP), sequestro ou cárcere privado, roubo, extorsão, extorsão mediante sequestro, estupro, atentado violento ao pudor, rapto violento, epidemia com resultado morte, envenenamento de água potável ou substância alimentícia ou medicinal qualificado pela morte, quadrilha ou bando,[64] genocídio e crimes contra o Sistema Financeiro.[65]

Não é pacífica a interpretação desse dispositivo legal, sendo que a doutrina está dividida ao meio. Parte entende que basta o preenchimento das condições apontadas em um dos incisos para o cabimento da prisão temporária. Outra corrente, em interpretação lógica, pontifica que a prisão temporária somente cabe nos crimes apontados no inciso III, se presentes as condições do inciso I ou do inciso II.[66] A segunda posição é a correta, pois não é admissível em direito a interpretação que conduz ao absurdo.

Explica-se. Se necessário apenas o atendimento das condições do inciso I, seria possível a prisão por infração onde não é cominada pena privativa de liberdade. Como o dispositivo (inc. I) não se refere a indiciado, réu ou acusado, seria possível supor que estivesse autorizada também a prisão temporária de testemunhas e vítimas. Da mesma forma, bastaria que o indiciado não tivesse residência fixa (inc. II) para que a prisão fosse decretada por 5 dias, sem nenhum objetivo prático, sem qualquer interesse para a investigação, ainda que a infração não fosse apenada com prisão. Neste caso, estaria admitida a prisão temporária compulsória, sem qualquer motivo.

Exigido apenas o requisito do inciso III, a prisão temporária seria obrigatória para os suspeitos da prática de qualquer daqueles crimes. Assim, sem qualquer necessidade ou motivo, quem cometeu homicídio simples, por exemplo, teria que cumprir pena antecipada de 5 dias, antes de qualquer julgamento e mesmo que tivesse agido em legítima defesa.

É evidente que a interpretação literal do art. 1º da lei conduz a conclusões juridicamente inaceitáveis, e, portanto, deve ser afastada. Por isso, no preciso magistério de Damásio E. de Jesus, "é imprescindível que se trate de um dos crimes referidos no inciso III. O rol é taxativo e não pode ser ampliado. Não é necessário, entretanto, que as condições dos três incisos

64. O crime de *quadrilha ou bando* (antigo art. 288 do CP) foi substituído pelo crime de *associação criminosa* (art. 288 do CP, com nova redação), que exige um número mínimo menor de participantes (3 ao invés de 4). Assim, e como não se trata de mera mudança de rubrica, mas, sim, de definição típica, enquanto não houver alteração na L 7.960/89, não será possível a prisão temporária em tema de associação criminosa.
65. A L 8.072/90 (art. 2º, § 3º) prevê a prisão temporária também para o crime de tortura e o crime de terrorismo. A L 9.455/97 define os crimes de tortura.
66. Patrícia dos Santos André, "Prisão temporária...", *RT* 691/396; Walter Fanganiello Maierovitch, "Prisão temporária", *RT* 680/325; Damásio E. de Jesus, *Código de Processo Penal Anotado*, 9ª ed., p. 643. V. tb. *RT* 694/372.

coexistam". Basta o atendimento dos incisos III e I, ou III e II, para a decretação da prisão temporária.[67]

Procedimento. A prisão temporária é decretada pelo juiz competente, mediante despacho fundamentado, em decorrência de representação da autoridade policial ou requerimento do Ministério Público, vedada a decretação de ofício, sem provocação.

No caso de representação da autoridade policial, o juiz, antes de decidir, ouvirá o Ministério Público. O despacho será prolatado em 24 horas, contadas do recebimento da representação ou do requerimento.

O juiz poderá determinar que o preso lhe seja apresentado, que a autoridade policial preste esclarecimentos, ou que o preso seja submetido a exame de corpo de delito, para evitar sevícias.

O prazo da prisão temporária é de 5 dias, prorrogável por uma única vez, por igual período, em caso de extrema e comprovada necessidade.

Na hipótese de crime hediondo, tráfico ilícito de entorpecentes e drogas afins, tortura e terrorismo, o prazo será de 30 dias, prorrogável da mesma forma (art. 2º, § 4º, da L 8.072/90).

Os presos temporários ficarão obrigatoriamente separados dos demais detentos.

25. Medidas cautelares alternativas

O CPP prevê 10 "medidas cautelares" diversas da prisão preventiva. A prisão somente pode ser imposta em último caso, quando nenhuma das "outras cautelares" se mostrar hábil para afastar a situação de perigo concreto derivada do cometimento do crime. A Lei preferiu empregar a nominação "outras cautelares" justamente para destacar muito bem este *aspecto subsidiário da prisão preventiva*.

Além da preventiva subsidiária, foi prevista uma *prisão preventiva substitutiva*, que apoia todo o sistema. Caso alguma das "outras cautelares" não seja cumprida, poderá ser trocada ou cumulada com outra de reforço e, em último caso, substituída por prisão preventiva.

---

67. Na verdade, o texto do inciso II é absolutamente expletivo, porque, mesmo que o indiciado não tenha residência fixa ou não forneça os elementos necessários ao esclarecimento de sua identidade, a prisão temporária somente se justificará se houver justa causa, ou seja, se for imprescindível para as investigações. Nada explica a prisão daquele que não se identifica se a autoridade policial já alcançou a identificação por outros meios.

Claro está que o legislador, no inciso II, quis dar especial destaque à identificação do indiciado, que sempre é imprescindível para as investigações do inquérito policial, circunstância, esta, porém, já implicitamente prevista no inciso I.

Desta forma, é possível afirmar que a prisão temporária tem cabimento quando se tratar de crime previsto no inciso III, desde que seja imprescindível para as investigações do inquérito policial.

Através desse expediente, as "outras cautelares", que também, em menor grau, implicam limitações à liberdade do acusado, ganharam destacado vigor, já que sempre trazem consigo a ameaça de conversão em prisão preventiva.

O Andamento das Cautelares

A sistemática da prisão e das medidas cautelares alternativas

Prisão em flagrante
↓
Comunicação imediata (art. 306)
↓
- Ausente a necessidade (art. 282) → **Liberdade Provisória** (em 48 horas)
- Presentes a **necessidade** e a **adequação** (art. 282 e 313) → **Prisão preventiva** com fundamentos, pressupostos e condições + inadequação das "outras cautelares" (arts. 312, 313 + § 6º do art. 282)

Acusado solto
↓
- Presentes a **necessidade** e a **adequação** (art. 282 e 313) → **Prisão preventiva**
- Ausente a necessidade (art. 282) → Nada a decretar
- → "Outra Cautelar" (art. 319) pode haver cumulação

No caso de **descumprimento: conversão** (art. 282, § 4º) → Prisão preventiva

Prisão preventiva: perdura até sentença definitiva ou desaparecimento dos motivos

Outra Cautelar: perdura até sentença definitiva ou desaparecimento dos motivos

Coerentemente, a fiança é muito maleável, possibilitando ótima adequação ao caso concreto. Seu valor varia de zero (dispensa) a 200 mil salários-mínimos.

A *prisão domiciliar* pode substituir a prisão preventiva, nos casos de doença e de outras situações especiais.

A lei instituiu o registro obrigatório de todos os mandados de prisão do País, contendo anotações sobre cumprimento e revogação, alocado em banco de dados mantido pelo Conselho Nacional de Justiça.

As cautelares regem-se por dois princípios:

– *princípio da necessidade* (aplicação da lei penal, investigação, instrução criminal e evitar a prática de infrações penais).

– *princípio da adequação* (gravidade do crime, circunstâncias do fato e condições pessoais do indiciado ou acusado).

Na prisão em flagrante o juiz tem quatro opções:

– *Relaxar a prisão em flagrante* (ilegalidade).
– *Conceder liberdade provisória e impor medida cautelar.*
– *Conceder liberdade provisória sem medida cautelar* (desnecessidade).
– *Converter o flagrante em prisão preventiva, se cabível.*

Os tipos de prisão preventiva são:

A) Prisão preventiva comum
    a) *Direta* (acusado solto) – deve estar presente alguma
    b) *Conversão* (prisão em flagrante) – condição do art. 313

B) Prisão preventiva substitutiva
    (descumprimento de outra cautelar)
    Mesmo sem alguma condição do art. 313

São condições para a prisão preventiva comum (art. 313 e parágrafo único)

Primeira:

1) Crime doloso punido com pena privativa de liberdade máxima superior a 4 anos, ou
2) Condenado definitivamente por outro crime doloso, ou
3) Crime envolvendo violência doméstica e familiar contra a mulher, criança, adolescente, idoso, enfermo ou pessoa com defi-

ciência, para garantir a execução das medidas protetivas de urgência, ou

4) Dúvida sobre a identidade civil do indiciado

+

Segunda:
Inadequação de outras medidas cautelares

São condições para a prisão preventiva substitutiva (art. 282, § 4º):

1) *Descumprimento* de qualquer das obrigações impostas em cautelar

+

2) *Inadequação* das outras medidas cautelares

As medidas alternativas são:

1) Comparecimento periódico em juízo (art. 319, I);
2) Proibição de acesso ou frequência a determinados lugares (art. 319, II);
3) Proibição de manter contato com pessoa determinada (art. 319, III);
4) Proibição de ausentar-se da Comarca (art. 319, IV);
5) Recolhimento domiciliar no período noturno e nos dias de folga (art. 319, V);
6) Suspensão do exercício de função pública ou de atividade de natureza econômica ou financeira (art. 319, VI);
7) Internação provisória do acusado inimputável ou semi-imputável (art. 319, VII);
8) Fiança (art. 319, VIII);
9) Monitoração eletrônica (art. 319, IX); e
10) Proibição de ausentar-se do país (art. 320).

Os valores da Fiança:

(a) pena máxima de 4 anos ou menos = 1 a 100 salários-mínimos
(b) pena máxima superior a 4 anos = 10 a 200 salários-mínimos

OBS: *a fiança pode ser dispensada, reduzida de até 2/3 ou aumentada em até 1.000 vezes.*

26. Liberdade provisória

Ao examinar o auto de prisão em flagrante o juiz poderá libertar provisoriamente o acusado se verificar que ele praticou o fato em estado de necessidade, em legítima defesa ou em estrito cumprimento de dever legal (CPP art. 310, III; CP art. 23).

Dá-se aí a suspensão da prisão em flagrante, com a liberação do acusado mediante compromisso de comparecer a todos os atos do processo, sob pena de revogação (CPP art. 310, parágrafo único).

Revogada a liberdade provisória, volta o acusado ao estado de preso em flagrante, caracterizando-se aí, portanto, uma hipótese de prisão em flagrante que pode perdurar até o fim do processo.

27. Fiança

Fiança é a garantia real que visa a assegurar a presença do acusado no processo, na exata lição de Hélio Tornaghi. É real porque tem por objeto um bem com valor economicamente apreciável. Pode ser prestada pelo acusado ou por terceiro em seu favor, nas modalidades de depósito (dinheiro ou móveis) e hipoteca.

A fiança é concedida pelo juiz. Pode, também, ser concedida pela autoridade policial nas infrações com pena privativa de liberdade máxima não superior a 4 anos (art. 322).

27.1 Infrações inafiançáveis

São inafiançáveis:

a) os crimes de racismo;

b) os crimes de tortura, tráfico ilícito de entorpecentes e drogas afins, de terrorismo e os definidos como crimes hediondos;

c) os crimes cometidos por grupos armados, civis ou militares, contra a ordem constitucional e o Estado de Direito (CPP, art. 323).

Também não será concedida fiança se houver quebra anterior de fiança concedida no mesmo processo, nos casos de prisão civil ou militar e quando houver motivo para decretação preventiva (CPP, art. 324).

27.2 Arbitramento e valor da fiança

Compete ao Juiz ou à autoridade policial arbitrar a fiança (art. 332).

Se a autoridade policial recusar ou retardar a concessão de fiança, o benefício poderá ser pedido diretamente ao Juiz (art. 335). O art. 325 fixa os limites mínimo e máximo da fiança, considerando o máximo da pena privativa de liberdade prevista para o delito.

Para a determinação do valor da fiança, deverão ser consideradas a natureza da infração, as condições pessoais de fortuna[68] e vida pregressa do acusado, as circunstâncias indicativas de sua periculosidade, bem como a importância provável das custas do processo, até final julgamento. Devem ser consideradas as causas de aumento, as qualificadoras e as causas de diminuição de pena.

No caso de concurso material de crimes, uma parte da doutrina entende que as penas devem ser somadas para o cálculo (Damásio). Outra corrente, porém, entende que cada pena deve ser isoladamente considerada (Fragoso, Tourinho). A Súmula 81 do STJ segue a primeira corrente.

É pacífico que o acusado não pode ser mantido na prisão somente por não poder pagar a fiança.

27.3 Reforço, perda, quebramento e cassação da fiança

O valor da fiança destina-se ao pagamento das custas, da indenização do dano e da multa, no caso de condenação, mesmo que ocorra a prescrição depois da sentença condenatória. Se houver absolvição, a fiança será restituída.

Caso se reconheça, no curso do processo, que a fiança é incabível na espécie, esta será cassada, revogando-se a liberdade provisória, se não for o caso de liberdade provisória sem fiança.

Havendo necessidade, será determinado que o acusado preste *reforço* da fiança (art. 340). Se o reforço não for apresentado, a fiança ficará sem efeito e o réu será recolhido à prisão.

Descumprida, sem justa causa, obrigação imposta, a fiança será julgada *quebrada*, com a perda de metade de seu valor e com o recolhimento do réu. Também estará quebrada a fiança se o réu praticar outra infração penal durante a vigência da fiança.

Haverá *perda* total da fiança se o réu, condenado, não se apresentar para o início do cumprimento da pena definitivamente imposta (art. 344).

---

68. Fixar o valor da fiança em importância impossível de ser paga equivale a negar a fiança (Mirabete, Damásio) (*RJ* 172/125).

28. A citação

Citação é o ato pelo qual se chama a juízo o réu, para comparecer e se defender.

Em regra, a citação é feita por *mandado*, através de oficial de justiça, estando o réu no território da comarca (art. 351). Fora da comarca, a citação se dá por *carta precatória*, do juízo deprecante ao juízo do local em que se encontra o réu (juízo deprecado).

A precatória tem caráter itinerante, pois o juiz deprecado pode remetê-la para outro juiz, do local em que se encontrar o acusado (art. 355, § 1º).

Se o réu estiver preso, será citado pessoalmente (art. 360 do CPP).

A citação também pode ser com hora certa, quando o réu se oculta para não ser citado (art. 362 do CPP e arts. 252 a 254 do CPC).[69]

Se o réu for militar a citação se dará por intermédio do chefe do respectivo serviço (art. 358). A regra aplica-se aos militares das três Armas, bem como às milícias estaduais.

O réu no exterior, em lugar sabido, é citado por carta rogatória (art. 368).

Nos processos de competência originária dos tribunais, a citação dá-se por *carta de ordem*, do tribunal ao juízo do lugar da citação.

A *citação edital* ocorre quando o réu não é encontrado.

O edital deve ser afixado na sede do juízo e publicado na imprensa, onde houver (art. 365, § ún.). Se o citado por edital não comparecer, nem constituir advogado, suspendem-se o processo e o curso da prescrição, com a decretação da prisão preventiva, se for o caso (art. 366 do CPP) (*RT* 754/575). O prazo de defesa começará a fluir a partir do comparecimento do acusado ou do defensor constituído (art. 396, § ún.).

Casos especiais. O funcionário público é citado, normalmente, por mandado. Mas, além disso, a citação é comunicada ao chefe de sua repar-

---

69. Se o Oficial de Justiça não encontrar o réu depois de procurá-lo por duas vezes na sua residência, e se houver suspeita de ocultação, deverá proceder à citação com hora certa. Ele intima qualquer pessoa da família do réu, ou, na falta, qualquer vizinho, de que voltará no dia seguinte em determinada hora. Voltando no dia seguinte à hora marcada e não encontrando novamente o réu, o oficial procurará informar-se das razões da ausência, e dará por feita a citação, deixando a contrafé (mandado de citação mais a cópia da denúncia ou queixa) com qualquer pessoa da família ou vizinho, anotando-lhe o nome. Para maior segurança, o escrivão enviará depois ao réu uma carta, telegrama ou correspondência eletrônica, dando-lhe, de tudo, ciência.

tição (art. 359). As citações em legações estrangeiras são feitas por carta rogatória (art. 369).

As citações devem efetivar-se pelo menos 24 horas antes do interrogatório (*RT* 550/333). Pode a citação ser feita em qualquer dia e hora, até de noite e aos domingos e feriados. O escrivão não pode fazer citação.

Em certos procedimentos especiais existe uma notificação prévia, antes da citação, para o acusado manifestar-se, como, por exemplo, nos crimes contra a honra (art. 520), ou nos crimes afiançáveis de responsabilidade de funcionário público (art. 514).

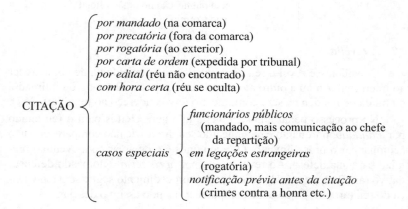

29. A intimação

No CPP não existe diferença entre intimação e notificação.[70] As intimações (ou notificações) são feitas da mesma forma como são feitas as citações, ou seja, por mandado, por oficio requisitório, por edital etc.

Com o acréscimo de que as intimações também podem ser efetuadas pelo escrivão (que não pode citar, mas pode intimar), por despacho em petição que servirá de mandado (art. 371), por termo nos autos (art. 372) e pela publicação no órgão oficial (art. 370, § 1º, do CPP).

São intimados pessoalmente o Ministério Público e o defensor nomeado (art. 370, § 4º), bem como a Advocacia-Geral da União (L 9.028/95). O defensor público também é sempre intimado pessoalmente, contando-se

---

70. Na doutrina, intimação seria a comunicação de ato passado, já realizado no processo. Notificação seria a convocação para comparecimento ou prática de ato futuro.

lhe em dobro todos os prazos (L 1.060/50, art. 5º, § 5º; art. 44, I, da LC 80, de 12.1.94, que organizou a Defensoria Pública da União).[71]

A intimação de sentença tem regras especiais, detalhadas no art. 392 do CPP. Em certos casos, é prevista a intimação pelo Correio.[72]

INTIMAÇÕES
- *forma igual às citações* (v. n. 28)
- *e também:*
  - pelo escrivão
  - por despacho em petição que servirá de mandado
  - por termo nos autos
  - pela publicação no órgão oficial
  - pelo Correio

30. A revelia

Considera-se revel o réu que injustificadamente deixa de comparecer ao interrogatório ou a outro ato do processo, apesar de citado ou intimado, ou muda de residência sem comunicar o novo endereço ao juízo (art. 367).

No processo penal atual a revelia não gera efeitos para o réu citado por *mandado*, porquanto é reconhecido seu direito de não comparecer e não acompanhar o procedimento. O único ônus é o de arcar com eventual prejuízo para sua defesa. Ao revel citado por *hora certa* é nomeado defensor dativo (art. 362, § ún.). Nos dois casos o procedimento segue sem a presença do réu (art. 367), que pode comparecer quando assim o desejar.

Para o citado por *edital* a revelia tem o condão de causar a suspensão do processo e do curso da prescrição, podendo o juiz decretar sua prisão preventiva, se cabível (art. 366).

No *Júri*, o julgamento em plenário não será adiado se o acusado solto não comparecer (art. 457).

31. Sentença

As decisões, no processo penal, podem ser definitivas, interlocutórias simples e interlocutórias mistas (arts. 593 e 800 do CPP).

A *decisão definitiva* é a sentença em sentido próprio, que resolve o mérito da ação e põe fim ao processo, condenando ou absolvendo o réu.

As interlocutórias são também decisões, ou sentenças em sentido amplo.

---

71. Um acórdão considerou inconstitucional a contagem do prazo em dobro para a Defensoria Pública, por violar o princípio da igualdade das partes (*RT* 692/306).

72. Onde não houver órgão de publicação dos atos judiciais da comarca, pode ser feita a intimação pelo Correio, com comprovante de recebimento, do defensor constituído, do advogado do querelante e do assistente (art. 370, § 2º, do CPP).

A decisão *interlocutória simples* decide questão parcial sem abordar o mérito da ação e sem encerrar o processo, como, por exemplo, o recebimento da denúncia ou a decretação da prisão preventiva.

A decisão *interlocutória mista* (que tem ao mesmo tempo caráter interlocutório e definitivo) também não aborda o mérito da ação, mas encerra o processo, ou uma fase do mesmo, como o despacho de rejeição da denúncia ou a sentença de pronúncia.

Uma modalidade de interlocutória mista é a sentença *terminativa de mérito* ou *interlocutória com força de definitiva*, que encerra o processo e não resolve mas prejudica o mérito da causa, como ocorre quando o juiz decreta a extinção da punibilidade, a perempção ou a ilegitimidade de parte.

Terminativa de mérito, portanto, ou com força de definitiva, porque, embora interlocutória, acaba com a possibilidade de se discutir o mérito da ação (art. 593, II, do CPP).

Em outras palavras, a terminativa de mérito é uma sentença que não condena, nem absolve, nem decide mera questão parcial, mas encerra o processo em caráter definitivo.

Os *despachos de expediente* referem-se à movimentação material do processo, como a designação de audiência ou a juntada de documentos. Em regra, não comportam recurso.

Na sistemática processual penal, as sentenças propriamente ditas, ou decisões definitivas em sentido estrito, podem ser condenatórias ou absolutórias.

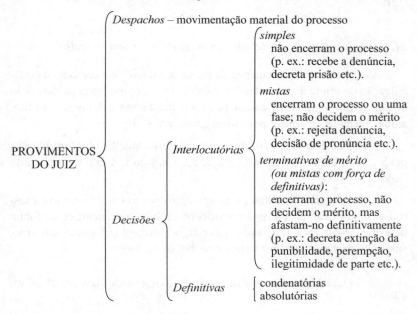

A sentença compõe-se de *relatório* (resumo do processo), *fundamentação* (análise dos fatos e do direito) e *dispositivo* ou decisão final.[73] A sentença tem de ser completa, abordando toda a matéria da acusação e da defesa, sob pena de nulidade.

O juiz que presidir a instrução deverá proferir a sentença (art. 399, § 2º).

REQUISITOS FORMAIS DA SENTENÇA
- *relatório*
- *fundamentação*
- *dispositivo (decisão)*

Depois de publicada, a sentença não pode mais ser alterada ou retificada, salvo no caso de inexatidão material ou erro de cálculo, ou no caso de embargos declaratórios, se nela houver obscuridade, ambiguidade, contradição ou omissão (art. 382).

"Erros materiais constatados na sentença não passam em julgado, sendo passíveis de correção a qualquer tempo, inclusive *ex officio* pelo próprio juiz" (*RT* 651/295).

A intimação da sentença tem regras especiais, previstas no art. 392 do CPP.

31.1 Reclassificação do delito: "emendatio" e "mutatio libelli"

A *emendatio libelli* (emenda da acusação) refere-se à correção da classificação do crime dada na denúncia ou queixa, sem mudança na descrição dos fatos (art. 383). Neste caso, o juiz pode lhe dar outra definição jurídica, ainda que tenha de aplicar pena mais grave (art. 383).

A inicial, por exemplo, descreve um furto qualificado, terminando, porém, com uma referência ao art. 155, *caput*, do CP, que trata do furto simples.

A *mutatio libelli* (mudança da acusação) pode ocorrer quando na instrução se verificar que os fatos verdadeiros não são exatamente como foram descritos na denúncia (art. 384). A inicial, por exemplo, descreve um furto, surgindo, porém, dados que indicam roubo, ou vice-versa.

---

73. No Juizado Especial Criminal a sentença não tem relatório (L 9.099/95, art. 81, § 3º).

Neste caso, deve o promotor de justiça aditar de ofício a denúncia. Nada impede que o juiz remeta os autos ao promotor, para que analise esta possibilidade. Recusada a providência pelo promotor, a lei faculta ao juiz a remessa ao Procurador-Geral, para deliberar em última instância sobre o caso (art. 28).

Aditada a denúncia, inicia-se um sobreprocedimento singelo, em respeito ao contraditório. No aditamento, o promotor pode arrolar mais 3 testemunhas. Segue-se a resposta do defensor, no prazo de 5 dias, sendo-lhe facultado requerer a oitiva do mesmo número de testemunhas. Há uma audiência em continuação, com a produção da prova oral, novo interrogatório e debates em aditamento.

32. Das nulidades

Há duas correntes na conceituação da nulidade. Para uns, a nulidade é um *defeito* de forma; para outros, é uma *sanção*, pela inobservância da forma.

As nulidades, conforme a gravidade, podem referir-se a atos meramente irregulares, atos relativamente nulos, atos anuláveis, atos absolutamente nulos e atos inexistentes.

"Nenhum ato será declarado nulo, se da nulidade não resultar prejuízo para a acusação ou para a defesa" (art. 563). *Pas de nullité sans grief* ("não há nulidade sem prejuízo").

A regra básica, de não haver nulidade sem prejuízo, aplica-se a qualquer tipo de nulidade. Há quem entenda, porém, que a mesma só se aplica às nulidades relativas.

A nulidade de um ato acarreta a dos atos que dele dependam ou sejam consequência (art. 573, § 1º). Tais atos subordinados ao ato nulo são chamados de "frutos da árvore envenenada".

32.1 O duplo significado de "saneamento"

O saneamento de um ato processual defeituoso pode dar-se por determinação do juiz ou de forma automática.

Todas as nulidades, mesmo as absolutas, podem ser sanadas pelo juiz, através da renovação do ato, ou pela ratificação, retificação ou complementação, conforme o caso, dependendo apenas de ter o juiz, ainda, oportunidade e jurisdição para tanto.

Nas nulidades relativas, porém, o saneamento pode dar-se de forma automática, pelo convalescimento ou convalidação do ato, sem qualquer providência do juiz, bastando a simples ocorrência de um fato, como, por exemplo, a não arguição do defeito em tempo hábil.

SANEAMENTO
(duplo significado do)
- I – *correção pelo juiz* (em qualquer tipo de nulidade)
- II – *convalidação automática* (só em caso de nulidade relativa)

32.2 A mera irregularidade

A mera irregularidade refere-se a defeitos sem importância, como, por exemplo, um erro gráfico evidente. Não caracteriza nulidade.

32.3 A nulidade relativa

A nulidade relativa ocorre nos defeitos sanáveis, no sentido de que se sanam ou convalidam automaticamente, dadas certas circunstâncias, sem necessidade de providência alguma.

As circunstâncias saneadoras automáticas são as seguintes: 1) não arguição do defeito no momento próprio; 2) obtenção, por outra forma, do fim visado pelo ato; 3) aceitação dos efeitos do ato, pela parte, ainda que tacitamente (art. 572).

Há decisões estabelecendo que o momento próprio para a arguição da nulidade relativa é a primeira oportunidade em que couber à parte falar nos autos, sob pena de preclusão (art. 3º do CPP, c/c o art. 245 do CPC, por analogia) (*RT* 622/380).

O art. 571 do CPP, porém, indica os momentos próprios para isso, como, por exemplo, o prazo do art. 500 para as nulidades ocorridas no procedimento ordinário.

A nulidade relativa ocorre na inobservância de norma que, embora de ordem pública, volta-se especialmente para a proteção da parte, como o princípio do juiz imparcial.

Caracteriza-se, geralmente, a nulidade relativa pela deficiência da forma, ou pela falta de um elemento relevante do ato; ao passo que a nulidade absoluta caracteriza-se, geralmente, pela omissão total do ato.

A ausência de citação, por exemplo, é uma nulidade absoluta, enquanto a citação defeituosa constitui nulidade relativa. A falta de defesa é nulidade absoluta, mas a defesa deficiente é apenas nulidade relativa (Súmula 523 do STF).

O CPP estabelece que a nulidade relativa ocorre pela omissão de formalidade que constitua elemento essencial (importante) do ato (art. 564, IV, c/c o art. 572, *caput*).

Como bem observa o mestre Vicente Greco Filho, onde se lê elemento *essencial* do ato deve-se ler elemento *importante* do ato, pois, "se falta a essência, o ato não existe, ou é outro" (*Manual de Processo Penal*, São Paulo, Saraiva, 1991, p. 273).

Além da fórmula genérica do art. 564, IV (omissão de formalidade importante), dispõe o CPP, de modo casuístico, que são também relativas as nulidades referentes à intervenção do Ministério Público na ação penal privada (art. 564, III, "d", 2ª parte), aos prazos concedidos à acusação e à defesa (art. 564, III, "e", 2ª parte) e à intimação do réu para a sessão de julgamento pelo Tribunal do Júri (art. 564, III, "g") (todos c/c o art. 572). A nulidade relativa pode também ser declarada de ofício pelo juiz. O interessado que a arguir, porém, deve fazê-lo no prazo legal, sob pena de preclusão.

32.4 Circunstâncias impeditivas

Certas circunstâncias impedem a declaração da nulidade relativa. Assim, a nulidade relativa não deve ser declarada a favor de quem a causou, ou para ela concorreu, ou quando se refira a formalidade que só interessa à parte contrária (art. 565).

32.5 A anulabilidade

A anulabilidade refere-se também a defeitos sanáveis (no sentido de que convalescem automaticamente), mas em violação de preceito disponível, não imperativo, a critério da parte, como, por exemplo, a não intimação de testemunha.

Há autores que não mencionam a categoria da anulabilidade. Com efeito, no fundo, a anulabilidade não passa de uma nulidade relativa menor. A anulabilidade não deve ser decretada de ofício.

32.6 A nulidade absoluta

A nulidade absoluta ocorre nos defeitos insanáveis, com violação de norma de ordem pública, no sentido de que não se convalidam automaticamente, em nenhuma hipótese.

Na nulidade absoluta não existe o convalescimento automático do ato. Nada impede, porém, que o juiz o convalide, mandando que seja retificado ou renovado, desde que ainda haja oportunidade para isso.

A identificação da nulidade absoluta, no caso concreto, deve ser procurada no aspecto da violação de norma de ordem pública, na impossibilidade de convalescimento automático, na gravidade do ato, no fato de referir-se geralmente a uma omissão total e nas indicações da doutrina e da jurisprudência.

A nulidade absoluta deve ser decretada de ofício e pode ser arguida pela parte a qualquer tempo, sem prazos de preclusão.

32.7 Ato inexistente

Considera-se ato inexistente aquele que se afasta de tal modo das regras processuais, a ponto de não ser necessária qualquer providência para que seja desconsiderado. Exemplo de ato processualmente inexistente é um Júri simulado, ou uma sentença lavrada por uma testemunha.

Curiosamente, na inexistência não há omissão, mas sempre um ato concreto, que depois será considerado inexistente.

A inexistência não pertence à teoria das nulidades, sendo apenas um assunto correlato.

32.8 Nulidade do ato e nulidade do processo

Geralmente a nulidade refere-se a um determinado ato praticado no processo, considerado isoladamente. Teremos, aí, a nulidade ou não *do ato*.

Às vezes, porém, a nulidade não alcança apenas um ato, mas todo o processo, como, por exemplo, na hipótese de a nulidade referir-se a um pressuposto processual ou a uma condição da ação. O processo no qual se verifica a ilegitimidade de parte é nulo no seu todo, e não apenas em um dos seus atos (nulidade *do processo*).

QUADRO GERAL DAS NULIDADES	
NULIDADE RELATIVA	NULIDADE ABSOLUTA
Defeitos sanáveis (que se convalidam automaticamente, sob certas circunstâncias)	Defeitos insanáveis (que não se convalidam automaticamente)
Violação de norma de ordem pública, mas voltada para a proteção da parte	Violação de norma de ordem pública

Caracteriza-se geralmente pela existência do ato, mas com defeito em ponto importante	Caracteriza-se geralmente pela falta total do ato
Pode ser decretada de ofício	Deve ser decretada de ofício
Deve ser alegada pela parte em momento próprio	Pode ser alegada pela parte a qualquer tempo
Sujeita-se às *circunstâncias impeditivas*, caso em que não deve ser decretada	Não se sujeita às *circunstâncias impeditivas*
ANULABILIDADE	MERA IRREGULARIDADE
Defeitos sanáveis, em matéria disponível, não de ordem pública	Defeitos irrelevantes Não gera nulidade
Não deve ser decretada de ofício	ATO INEXISTENTE
No mais, segue as regras da nulidade relativa	Fato alheio ao procedimento judicial Dispensa providências para ser desconsiderado

32.9 Regras especiais referentes às nulidades

Nulidade da citação. Na falta de citação (nulidade absoluta), o comparecimento espontâneo, a partir de sua ocorrência, vale pela citação (art. 570). Não se trata de convalidação da citação, que não existe, mas da substituição de um ato por outro.

A citação defeituosa (nulidade relativa), porém, é convalidada pelo comparecimento, se o réu não alegar o defeito em tempo oportuno.

Nulidade por incompetência do juízo. A incompetência do juízo anula somente os atos decisórios, devendo o processo, quando for declarada a nulidade, ser remetido ao juiz competente (art. 567).

Ilegitimidade do representante da parte. A nulidade por ilegitimidade do representante da parte poderá ser a todo tempo sanada, mediante ratificação dos atos processuais (art. 568).

Omissões da denúncia ou da queixa e da representação. As omissões da denúncia ou da queixa e da representação poderão ser supridas a todo tempo, antes da sentença final (art. 569). O suprimento anterior à citação abrange qualquer omissão. Após a citação, porém, só devem ser supridas as irregularidades materiais. Se houver aditamento que implique nova acusação, será necessário devolver ao acusado a possibilidade de plena defesa.

Intimação ou notificação. As nulidades referentes às intimações ou notificações seguem as regras da nulidade na citação, no que couber (art. 570).

33. Recursos. Parte geral

Recurso é o pedido de reexame e reforma de uma decisão judicial.

A existência dos recursos funda-se em duas razões: a falibilidade humana e o inconformismo natural daquele que é vencido e deseja submeter o caso ao conhecimento de outro órgão jurisdicional. O recurso instrumentaliza o princípio do duplo grau de jurisdição.

Denomina-se juízo *a quo* o prolator da decisão recorrida, e juízo *ad quem* aquele a quem se pede o reexame e reforma da decisão.

33.1 Pressupostos recursais objetivos

São pressupostos recursais objetivos a previsão ou autorização legal, a forma estipulada em lei e a tempestividade.

33.1.1 Previsão legal

Para a interposição do pedido de reexame e reforma há que existir previsão em norma legal e o recurso previsto deve ser adequado à decisão impugnada. Normalmente, a lei prevê apenas um recurso para cada caso (princípio da unirrecorribilidade), mas existem situações onde é admitida a interposição simultânea de dois recursos.

No processo penal também vigora o *princípio da fungibilidade* dos recursos. "Salvo a hipótese de má-fé, a parte não será prejudicada pela interposição de um recurso por outro" (art. 579), desde que o recurso certo ainda esteja dentro do prazo.

33.1.2 Forma legal

O recurso deve ser interposto por petição ou por termo nos autos, assinado pelo recorrente ou por seu representante (art. 578).

Admite-se também o recurso por cota nos autos, por declaração oral ou por outra manifestação inequívoca do desejo de recorrer, em respeito ao princípio constitucional da ampla defesa.

Na interposição basta declarar a vontade de recorrer. Os fundamentos do inconformismo serão aduzidos em razões, que serão entregues posteriormente.

33.1.3 Tempestividade

Para cada recurso a norma legal prevê um prazo[74] para a interposição, sob pena de não conhecimento, por intempestividade. No processo penal todos os prazos são contínuos e peremptórios e não se interrompem por férias, domingo ou feriado.

O prazo recursal começa a correr: a) da intimação, e não da juntada do mandado (Súmula 710 do STF); b) do dia em que a parte manifestar nos autos ciência inequívoca da sentença ou despacho (art. 798, § 5º). Mesmo no caso de intimação por carta precatória o prazo correrá da data da intimação (Súmula 710 do STF).

Há ponderável corrente jurisprudencial no sentido de que, em qualquer caso (art. 392), o defensor dativo ou constituído deve ser intimado da sentença, após a intimação do réu. E, havendo dupla intimação, os prazos são individuais, contados isoladamente.[75]

33.2 Pressupostos recursais subjetivos

São pressupostos subjetivos ou condições do recurso a legitimidade e o interesse do recorrente.

33.2.1 Legitimidade

O Ministério Público, o querelante, o querelado, o réu, seu procurador ou defensor têm legitimidade para recorrer.

Mas é admitido o recurso do representante do réu, do ofendido, seu representante ou sucessores (art. 598).

---

74. Prazos recursais:
48 horas – carta testemunhável (art. 640);
2 dias – embargos de declaração e "embarguinhos" (arts. 619 e 382);
5 dias – recurso em sentido estrito (art. 586, com exceção do seu § ún. e do § 1º do art. 584, cujos prazos são de 20 e 15 dias); apelação (art. 593); correição parcial; agravo na execução (art. 586 do CPP); agravos em geral (Súmula 699-STF); recurso ordinário constitucional ao STJ (art. 30 da L 8.038/90); recurso ordinário constitucional em *habeas corpus* ao STF (art. 586 e Súmula 319 do STF);
10 dias – embargos infringentes e de nulidade (art. 609, § ún.);
15 dias – recurso especial e recurso extraordinário (art. 26 da L 8.038/90); *sem prazo* – revisão e *habeas corpus*.

75. "A renúncia ao direito de recorrer, declarada pelo próprio réu e reduzida a termo nos autos, não impede a apelação do defensor, pois a vontade deste prevalece sobre a daquele, a fim de resguardar-se garantia constitucional da ampla defesa" (*RT* 702/362).

Existem casos especiais em que a legislação faculta a um terceiro o direito de recorrer. É a situação daquele que prestou fiança e que pode interpor recurso em sentido estrito em favor do réu, nas hipóteses de quebra ou perda da fiança (art. 581, VII).

33.2.2 Interesse

Não se admite o recurso da parte que não tiver interesse na reforma ou modificação da decisão (art. 577, § ún.).

Quem recorre deve ter experimentado alguma espécie de prejuízo, ou seja, deve ter sido vencido pelo menos em parte. Assim, o *pressuposto lógico e fundamental* dos recursos é a sucumbência, o gravame.

Quem não foi vencido não tem legitimidade para recorrer.[76]

A sucumbência é *única* quando apenas uma parte foi vencida. É *múltipla* quando atinge vários interesses. Pode ser *paralela*, quando os sucumbentes têm o mesmo interesse, como no caso de dois réus condenados, e pode ser *recíproca*, quando atinge interesses opostos, como no caso de acusação e defesa serem vencidas em parte.

A sucumbência pode ser *direta* e *reflexa*. É direta quando atinge a parte na relação processual. É reflexa quando terceiro, fora da relação processual, é atingido, como acontece na absolvição do réu onde a lei confere ao ofendido o direito de apelar (art. 598), mesmo que não tenha participado do processo.

Fala-se ainda em sucumbência *total* (o pedido foi integralmente indeferido) e *parcial* (no indeferimento parcial).

33.3 Juízo de admissibilidade

Após a interposição do recurso, o juiz *a quo* fará uma análise para verificar se estão presentes os pressupostos objetivos e subjetivos, operação que será repetida no juízo *ad quem*.

Se todos os pressupostos não estiverem presentes, o recurso não será recebido. Neste caso, o recorrente sofre nova sucumbência e poderá interpor outro recurso contra o não recebimento do primeiro.

Cabe recurso em sentido estrito da decisão que denegar a apelação (art. 581, XV).

---

[76]. Não obstante, mesmo não tendo sido vencido, pode o Ministério Público recorrer. "O Ministério Público é órgão de justiça, e, como tal, autorizado a pleitear o que lhe parecer de direito, inclusive em favor do réu" (*RT* 616/350; no mesmo sentido: *RT* 620/284, 655/285).

33.4 Classificação dos recursos

Pelo princípio da *voluntariedade dos recursos*, somente a parte vencida pode recorrer, em regra, se desejar (recurso voluntário).

Mas existem casos em que o legislador determina um *reexame necessário* da decisão, onde o próprio juiz remete o feito para nova apreciação pelo tribunal. O reexame necessário também é chamado de recurso de ofício (*ex officio*), recurso obrigatório, necessário ou anômalo.

Nos casos previstos, a sentença não transita em julgado enquanto não houver o reexame necessário. "Não transita em julgado a sentença, por haver sido omitido o recurso *ex officio*, que se considera interposto *ex lege*" (Súmula 423 do STF).

Os recursos ainda são classificados como *constitucionais* (previstos na Constituição), *legais* (previstos em lei) e *regimentais* (previstos nos regimentos dos tribunais).

O recurso é *ordinário* quando o fundamento do pedido é o simples inconformismo da parte, como na apelação, por exemplo. Será *extraordinário* quando forem exigidos requisitos especiais.

Fala-se também em recursos *iterativos*, *reiterativos* e *mistos*. Nos iterativos permite-se ao próprio órgão *a quo* o reexame da questão (embargos de declaração, p. ex.). Nos reiterativos o recurso é de conhecimento exclusivo do órgão *ad quem* (apelação, p. ex.). Misto é o recurso que permite o reexame em ambas as instâncias (recurso em sentido estrito, p. ex.).

33.4.1 A questão da permanência do recurso de ofício

O recurso de ofício é previsto nos crimes contra a economia popular ou contra a saúde pública (art. 7º da L 1.521/51),[77] na concessão de *habeas corpus* (art. 574, I, do CPP) e na concessão de reabilitação (art. 746 do CPP).

Para uma corrente, o recurso de ofício não é mais admissível, ante os termos do art. 129, I, da CF de 1988.

Como o recurso é uma forma de impulsionar a ação penal, e sendo função privativa do Ministério Público a promoção da ação penal pública, não há mais lugar para o recurso de ofício.[78]

---

[77]. Pacífico o entendimento de que não há reexame necessário em absolvição por delito de tóxicos.

[78]. No sentido de não ser mais admissível o recurso de ofício: *RT* 659/305, 676/348, 677/374, 684/336, 698/384; *RJDTACrimSP* 13/124.

Outra corrente, porém, considera que o recurso de ofício não interfere nas funções privativas do Ministério Público.

Entende esta segunda corrente que o recurso de ofício não é propriamente recurso ou meio de promoção da ação. É apenas uma providência, necessária em certas ações, em que a sentença só se torna definitiva com a colaboração ou confirmação da 2ª instância. Por isso, o recurso de ofício permanece.[79]

Como bem observa J. Cabral Netto, do Ministério Público de Minas Gerais, "a apelação de ofício não é uma forma de iniciativa da ação penal, mas de completar-se a jurisdição" ("Recurso *ex officio*", *RT* 692/242).

Parece admissível a permanência do recurso de ofício, pelos motivos a seguir elencados.

a) O recurso de ofício, como já observado, não é propriamente recurso, mas forma de completar-se a jurisdição. A sentença não transita em julgado sem o reexame do 2º grau (Súmula 423 do STF).

No CPC a remessa necessária figura mais adequadamente, não como recurso, mas como elemento da eficácia de certas sentenças (art. 496 do CPC).

O CPP diz a mesma coisa, apenas com outras palavras, estabelecendo que é nula a sentença sem o recurso de ofício nos casos em que a lei o tenha estabelecido (art. 564, III, "n").

b) O recurso de ofício não impede a interposição, pelas partes, do recurso voluntário, sendo, portanto, o reexame necessário apenas uma cautela a mais, no interesse público.

c) No *habeas corpus* o Ministério Público não participa do feito em 1º grau, demonstrando-se, aí também, a ausência de sobreposição de funções.

Por isto, em que pesem a respeitáveis opiniões em contrário, parece que a razão está com a corrente que se inclina pela permanência do recurso de ofício.[80]

33.5 Efeitos dos recursos

Todos os recursos têm o efeito *devolutivo*, vez que o conhecimento da matéria é devolvido, ou apresentado novamente, ao Judiciário, para que confirme ou reforme a decisão impugnada.[81]

---

79. No sentido da permanência do recurso de ofício: *RT* 687/308, 689/369, 691/328, 755/600; *RJDTACrimSP* 12/220, 13/206, 14/211 e 212.

80. Cf. artigo de Maximiliano R. E. Führer, "Recurso de ofício no crime", *RT* 716/410.

81. O termo *devolutivo* não é empregado, aqui, no sentido comum de restituição, mas de transferência, remessa ou entrega do assunto a um segundo exame, geralmente por uma instância superior.

Ocorre o efeito *regressivo* quando o conhecimento da matéria é devolvido ao mesmo órgão prolator da decisão impugnada, que poderá reformulá-la (recurso iterativo ou misto). É o caso típico do recurso em sentido estrito, que permite o juízo de retratação.

No concurso de agentes, a decisão do recurso interposto por um dos réus, se fundado em motivos que não sejam de caráter exclusivamente pessoal, aproveitará aos outros (art. 580). É o efeito *extensivo*, pelo qual o co-réu, que não recorreu, pode ser beneficiado, por extensão, pelo recurso do outro corréu.

Em quase todos os casos é conferido o efeito *suspensivo* ao inconformismo. É suspensivo porque suspende a execução da decisão atacada enquanto não ocorrer o julgamento do recurso. Os recursos contra sentença condenatória têm, de regra, o efeito suspensivo, pois não se inicia a execução da pena sem o trânsito em julgado.

Entre nós, entretanto impera a proibição da *reformatio in pejus*, ou seja, não pode ser agravada a situação do réu quando somente ele tiver recorrido. Da mesma forma, a pena aplicada em decisão anulada por recurso exclusivo do réu não pode ser agravada na nova sentença (proibição da *reformatio in pejus* indireta). Nestes casos, o efeito devolutivo é limitado.

33.6 Extinção dos recursos

A extinção normal dos recursos ocorre pelo conhecimento e julgamento da questão.

Mas pode acontecer a extinção anormal, antes do julgamento. É o que ocorre na deserção e na desistência do recurso.

RECURSOS			
PRESSUPOSTOS	CLASSIFICAÇÃO	EFEITOS	EXTINÇÃO
Objetivos previsão legal forma legal tempestividade *Subjetivos* legitimidade interesse (sucumbência)	Voluntário Necessário Constitucional Legal Regimental Ordinário Extraordinário Iterativo Reiterativo Misto	Devolutivo Regressivo Extensivo Suspensivo	Normal – julgamento Anormal { deserção / desistência

A devolução é, em regra, ampla, possibilitando ao juízo *ad quem* o conhecimento de toda a matéria impugnada.

Há deserção por falta de preparo ou pagamento das despesas (art. 806, § 2º). Nesta hipótese, o recurso é julgado deserto, sem julgamento do mérito.

A parte também pode desistir do recurso interposto. A desistência é irretratável e irrevogável.

Entretanto, em obediência ao princípio da indisponibilidade da ação penal pública, não pode o Ministério Público desistir do recurso interposto (art. 576).

34. Recurso em sentido estrito

O recurso em sentido estrito, também conhecido simplesmente como recurso criminal, possibilita ao juiz o *juízo de retratação*, em que pode reexaminar sua decisão, reformando-a ou mantendo-a. No caso de manutenção, o recurso subirá ao *juízo "ad quem"*, para novo reexame da questão.

Trata-se, portanto, de recurso de instância mista.

O art. 581 do CPP trata também de hipótese de recurso de ofício, ou de reexame necessário, que é interposto pelo próprio juiz da causa (art. 581, X).

É evidente que no recurso de ofício não há juízo de retratação. Entretanto, como observa Magalhães Noronha, o recurso de ofício não exclui o recurso voluntário, interposto pela parte.

O recurso em sentido estrito tem cabimento nas hipóteses do art. 581, existindo o entendimento de que aquela enumeração é taxativa, *numerus clausus*, não se admitindo a aplicação de analogia (Hélio Tornaghi e Tourinho Filho).

Entretanto, Borges da Rosa, mesmo entendendo que a enumeração é taxativa, admite a aplicação da analogia e interpretação extensiva.[82] Assim, o recurso que cabe contra o não recebimento da denúncia poderá ser também interposto contra o não recebimento do aditamento da denúncia, hipótese não prevista taxativamente.

Prazo do recurso em sentido estrito: 5 dias. Com algumas exceções, como a do art. 581, XIV, c/c o art. 586, § ún., que, excepcionalmente, é de 20 dias.

No que se refere ao processamento, o recurso criminal pode subir nos próprios autos ou por instrumento. Subirá nos próprios autos nos casos do art. 581, I, III, IV, VIII e X, e sempre que o recurso não prejudicar o anda-

---

82. Borges da Rosa, *Comentários ao Código de Processo Penal*, 3ª ed., Ed. RT, 1982.

mento do processo. Nos demais casos subirá por instrumento, com o traslado das peças necessárias ao exame da questão.

Na interposição do recurso, a parte indicará as peças dos autos de que pretende o traslado, se o recurso houver de subir por instrumento.

São peças obrigatórias a decisão recorrida, a certidão de sua intimação e o termo de interposição (art. 587, § ún.). Além das peças obrigatórias, a parte poderá pedir outras que julgar necessárias.

Se for o caso de subir nos próprios autos, basta a petição ou termo de interposição.

Extraído, conferido e preparado o traslado (se for o caso), será aberta vista para o recorrente oferecer suas razões, em 2 dias. Em seguida, será aberta vista ao recorrido para contra-arrazoar, em igual prazo.

Com ou sem as contrarrazões, os autos serão conclusos ao juiz, que, em 2 dias, reformará ou sustentará sua decisão e determinará a extração de outras cópias que lhe parecerem necessárias.

Se o juiz reformar a decisão, a parte contrária, por simples petição, poderá recorrer da nova decisão, não sendo mais permitido ao juiz modificá--la.

Assim, a parte recorrida, que agora é vencida, dispõe de um outro recurso contra a reforma da decisão pelo juiz.

Entretanto, o recorrido não terá este recurso se a nova decisão for irrecorrível, como ocorre quando há o recebimento da denúncia, hipótese não prevista no art. 581. Restará ao recorrido intentar *habeas corpus*, se houver constrangimento ilegal.

Observação sobre o cabimento do recurso em sentido estrito. O art. 581 do CPP relaciona os casos em que cabe recurso em sentido estrito, como no despacho ou sentença que não receber a denúncia ou queixa,[83] ou que pronunciar ou impronunciar o réu.

Entretanto, no elenco apresentado há várias hipóteses já modificadas pela LEP.

Assim, o art. 581 indicava caber recurso em sentido estrito da decisão que conceder, negar ou revogar a suspensão condicional da pena (inc. XI), que conceder, negar ou revogar livramento condicional (inc. XII), que decidir sobre unificação de penas (inc. XVII), que decretar medida de segurança, depois de transitar a sentença em julgado (inc. XIX), que impuser medida de segurança, por transgressão de outra (inc. XX), que mantiver

83. No Juizado Especial Criminal, da rejeição da denúncia ou queixa e da sentença cabe apelação (L 9.099/95, art. 82).

ou substituir a medida de segurança, nos casos do art. 774 (inc. XXI), que revogar a medida de segurança (inc. XXII), que deixar de revogar medida de segurança, nos casos em que a lei admita a revogação (inc. XXIII) e que converter a multa em detenção ou em prisão simples (inc. XXIV).

Tais decisões não estão mais sujeitas ao recurso em sentido estrito. Se o *sursis* for concedido na sentença, caberá apelação (art. 593, I, c/c o § 4º).

Se o *sursis* for concedido após o trânsito em julgado, será incidente do processo de execução, como, de resto, são todas as decisões acima referidas.

Desta forma, após a LEP, o recurso cabível contra tais decisões é o *recurso de agravo* (art. 197 da L 7.210/84).

35. Apelação

Apelação é o recurso genérico e amplo que cabe contra as sentenças e decisões definitivas, ou com força de definitivas, do juiz singular e contra as decisões do Tribunal do Júri.

É recurso *genérico* porque cabe nos casos não previstos para o recurso em sentido estrito. É *amplo* porque devolve à instância superior o pleno conhecimento do feito. Trata-se também de recurso *preferível*, vez que, cabível a apelação, não poderá ser interposto recurso em sentido estrito contra parte da decisão (art. 593, § 4º). O recurso amplo absorve o recurso estrito.

Cabimento da apelação. São apeláveis as sentenças definitivas condenatórias ou absolutórias. A regra admite uma exceção: não é cabível a apelação nos processos de competência originária dos tribunais.

São apeláveis, ainda, as decisões definitivas, ou com força de definitivas, do juiz singular. Decisão definitiva, ou definitiva em sentido estrito, é aquela que julga o mérito e encerra a relação processual. Decisão com força de definitiva, ou interlocutória mista, é a que, sem julgar o mérito, encerra o processo (terminativa) ou uma fase do mesmo (não terminativa).

Prazo e processamento da apelação. O prazo para apelar é de 5 dias. Mas, se o Ministério Público não apela tempestivamente, a lei defere ao ofendido ou seu sucessor a *apelação subsidiária*, no prazo de 15 dias (art. 598, § ún.).

Interposto o recurso por termo ou petição,[84] o apelante será intimado para oferecer razões em 8 dias ou, no caso de processo de contravenção, em

---

84. Na petição ou termo o apelante deve indicar o objeto do inconformismo, limitado o efeito devolutivo pelo princípio *tantum devolutum quantum appellatum*. Em princípio, o tribunal não pode analisar questões que não foram objeto do inconformismo, sob pena de julgar *extra petita* ou *ultra petita*.

3 dias. Pode o apelante declarar na petição ou termo que deseja arrazoar na superior instância (art. 600, § 4º). Nesta hipótese, os autos serão remetidos ao tribunal *ad quem*, que providenciará a intimação para o oferecimento de razões.

O assistente de acusação, se houver, arrazoará no prazo de 3 dias, após o Ministério Público. Em seguida será aberta vista para contrarrazões, em 8 ou 3 dias, conforme o caso (art. 600).

A apelação não tem efeito regressivo. Assim, findos os prazos, os autos serão remetidos ao juízo *ad quem*, com ou sem as razões.

De regra, a apelação subirá nos próprios autos, ficando em cartório um traslado do essencial do processo, quando a comarca não for sede de tribunal. Mas subirá por traslado se houver mais de um réu e não tiverem sido todos julgados, ou não tiverem todos apelado.

Impera na apelação a vedação da *reformatio in pejus* (art. 617). Desta forma, não poderá o tribunal agravar a pena quando somente o réu houver apelado da sentença.

Se o juiz denegar o seguimento da apelação, ou a julgar deserta, caberá recurso em sentido estrito (art. 581, XV).

A apelação de sentença absolutória não impede que o réu seja imediatamente posto em liberdade (art. 596). O mesmo ocorre quando for concedida liberdade provisória.

A apelação também não impede que o réu seja preso ou conservado na prisão, quando não for concedida a liberdade provisória.

No Juizado Especial Criminal a apelação pode ser julgada por Turma composta de 3 juízes de 1ª instância (L 9.099/95, art. 82).

35.1 Particularidades da apelação no Júri

As decisões do Tribunal do Júri também são apeláveis, nos casos previstos no art. 593, III, "a", "b", "c" e "d": 1) se houver nulidade posterior à pronúncia; 2) se houver erro ou injustiça atribuível ao juiz-presidente; e 3) quando a decisão dos jurados for manifestamente contrária à prova dos autos.[85]

Se o tribunal superior reconhecer nulidade posterior à pronúncia, remeterá os autos ao juízo *a quo* para novo processamento e decisão. Ha-

---

85. Predomina o entendimento de que no Júri a apelação pode ser interposta por requerimento verbal, desde que conste da ata de julgamento. V., adiante, item 35.2 ("A apelação na jurisprudência").

vendo erro ou injustiça do juiz-presidente, o tribunal reformará a sentença, corrigindo a pena ou a medida de segurança aplicada.

A decisão do Júri pode ser atacada pelo mérito, se for *manifestamente contrária à prova dos autos*. Manifestamente contrária à prova dos autos é a decisão arbitrária, sem qualquer suporte nas provas colhidas. Não é manifestamente contrária à prova dos autos a decisão dos jurados que abraça uma das versões razoáveis sustentadas na instrução, com base nas provas produzidas (*RT* 669/299, 670/313, 675/354, 688/337; *JTJ* 179/282).

A apelação, nesta área, é uma exceção ao princípio constitucional da soberania dos veredictos do Júri (art. 5º, XXXVIII, da CF) e, assim, é admitida *uma única vez* (art. 593, § 3º, do CPP), mandando-se o réu a novo julgamento.[86]

Utilizada a prerrogativa por uma vez, o novo julgamento não poderá ser objeto de outro ataque pelo mesmo motivo, pouco importando quem foi o vencido e quem apelou da primeira decisão (*RT* 671/314, 672/310).

APELAÇÃO NO JÚRI
- *Nulidade* – tribunal reexamina livremente
- *Tópicos de atribuição do juiz* – tribunal reexamina livremente
- *Decisão manifestamente contrária à prova dos autos* – tribunal só pode mandar que o Júri julgue de novo; por só mais uma vez

35.2 A apelação na jurisprudência

A regra é a interposição da apelação por termo ou por petição. Mas tem-se admitido o apelo por cota nos autos (*RTJ* 77/119; *RT* 562/304, 607/355, 633/270), por declaração oral no ato da intimação (*RT* 526/395), por ter a parte escrito, no mandado de intimação, a palavra "apelo" (*RT* 606/314), ou a palavra "recorro" (*RT* 472/416).

---

[86] "Transitada em julgado para a acusação a sentença condenatória, se esta vier a ser mais tarde anulada, não se pode impor ao réu pena mais grave que a estabelecida anteriormente, para evitar-se a *reformatio in pejus*, prevalecendo ela, portanto, para efeito de prescrição" (*RT* 605/404).

Entretanto, no que se refere às decisões do Tribunal do Júri divergem as opiniões. Uma corrente proíbe também no Júri a *reformatio in pejus* indireta, considerando inadmissível o agravamento da pena no julgamento posterior, após a anulação do anterior (*RT* 630/280). Outra corrente entende que a nova decisão não se vincula à anterior, no que se refere ao limite da pena, diante da soberania do Júri, e porque a sentença anterior não foi exasperada, mas invalidada pela anulação (*RT* 631/36).

Interposição verbal, no Júri. A apelação, no Júri, pode ser interposta por requerimento verbal, desde que conste da ata de julgamento (*RTJ* 61/638; *RT* 366/280, 500/382, 574/462, 592/305, 596/370, 692/335; contra: *RT* 508/448, 605/347).

Extensão da apelação. Os limites da apelação fixam-se na peça de interposição (petição ou termo), e não nas razões (*RT* 423/474; *RF* 255/333). Se a interposição não restringe a matéria, entende-se o apelo como pleno ou total (*RT* 572/395, 615/262, 648/303; *RJDTACrimSP* 2/56).

Na interposição não há obrigação de esclarecer qual o inconformismo (*RT* 544/349, 552/350, 563/349, 574/384). Mas, se o apelante declarar qual o inconformismo na interposição, não poderá depois, nas razões, acrescentar outros fundamentos à apelação (*RT* 434/322, 446/383, 461/336, 491/294, 555/416, 569/355, 572/371).

"A renúncia do réu ao direito de apelação, manifestada sem a assistência do defensor, não impede o conhecimento da apelação por este interposta" (Súmula 705 do STF).

Razões de apelação fora de prazo. Interposto tempestivamente o recurso, por termo ou petição, a posterior apresentação das razões fora de prazo não impede o seu conhecimento, constituindo mera irregularidade (*RT* 386/292, 392/121, 404/373, 415/276, 519/331, 582/366).

Ausência de razões. Há duas correntes: 1) a ausência de razões não impede o conhecimento e o julgamento do recurso (*RT* 400/115, 424/374, 612/390, 620/335, 648/303, 676/309, 678/369, 684/336; *RJDTACrimSP* 4/51, 9/61, 17/52); 2) a ausência de razões impede o conhecimento do recurso, devendo o julgamento ser convertido em diligência para sua apresentação, especialmente nos casos em que há defensor dativo ou réu menor (*RT* 545/382, 562/332; *RJDTACrimSP* 3/77).

Interposição pelo Ministério Público em favor do réu. Há, também, duas correntes: 1) o Ministério Público não pode apelar em favor do réu (*RT* 483/365, 523/451, 563/383; *RJDTACrimSP* 12/45, 12/46) (posição que está sendo superada); 2) o Ministério Público pode apelar em favor do réu (*RT* 563/304, 567/344, 575/367, 580/345, 594/407, 599/340, 616/349, 620/284, 655/285; *RJDTACrimSP* 7/52) (posição que vem predominando). Mas o recurso do Ministério Público fica prejudicado se o réu apelar também, não se admitindo dualidade recursal no mesmo sentido (*RT* 540/326, 599/328).

Data venia, não parece adequado esse último entendimento. O Ministério Público recorre por direito próprio, como *custos legis*, com razões diversas, eventualmente com fundamentos diversos, e também de um ponto de vista diverso (interesse público), não se vinculando, portanto, ao recurso do réu, embora no mesmo sentido.

"A par de sua função de titular da ação penal, o Ministério Público, como fiscal da lei, tem legítimo interesse no exato cumprimento desta, para que seja aplicada com acerto e sem omissões" (*RF* 269/348).

"É de interesse do Estado tanto que o culpado seja punido quanto que não seja punido o inocente" (*RT* 599/340).

Interposição pelo Ministério Público em ação privada. O Ministério Público não pode apelar em ação movimentada por queixa crime, vez que a titularidade não lhe pertence, e sim ao querelante (*RT* 407/337, 530/372, 556/318).

36. Embargos de declaração

Os embargos de declaração constituem um recurso contra acórdão, dirigido ao próprio órgão prolator da decisão, e por ele decidido, que não visa à reforma do julgado, mas ao esclarecimento de ambiguidade, obscuridade, contradição ou omissão. O prazo é de 2 dias, contado da publicação da decisão atacada (art. 619).

Contra sentença de juiz singular cabe pedido de declaração, para o mesmo fim e no mesmo prazo (art. 382). O pedido de declaração, na gíria forense, é conhecido como "embarguinho".

Em ambos os casos, o tribunal ou o juiz emite uma declaração, suprindo o defeito.

Nos embargos e no pedido de declaração não se abre vista para a outra parte apresentar contrarrazões. Trata-se de recurso *inaudita altera pars*.

O oferecimento de embargos de declaração suspende o prazo para a interposição de outro recurso até a publicação da decisão proferida nos mesmos embargos.[87]

Não são admitidos embargos de declaração para modificar o que foi decidido (embargos de declaração com efeito infringente).

Entretanto, tem-se admitido a possibilidade de modificação do julgado, em casos especiais. É a hipótese, por exemplo, de omissão que, uma vez

---

87. **Embargos protelatórios.** Apoiando-se em clássico ensinamento de Magalhães Noronha (*Curso...*, p. 638), há ponderável corrente entendendo que, se os embargos forem considerados manifestamente protelatórios, a interrupção do prazo não se opera.

Entretanto, a penalidade não pode atingir o embargado, porque, do contrário, estaria sendo punido por culpa do embargante. Neste sentido, Theotonio Negrão (*Código de Processo Civil*, 25ª ed., nota ao art. 339 do RISTF).

suprida, pode, eventualmente, alterar a conclusão do acórdão, se incompatível com esse suprimento.

Assim, se reconhecida a prescrição na declaração, fica inteiramente prejudicada a decisão que condenava o acusado.

Neste caso, como se trata de nova decisão, o prazo para recorrer deve ser integralmente restituído, como já decidiu o STJ, em matéria cível (STJ, 3ª T., REsp 14.773-0-SP, rel. Min. Eduardo Ribeiro, j. 19.5.92, v.u., *DJU* 8.6.92, p. 8.616).

Os embargos de declaração são deduzidos em petição ao relator, indicando os pontos em que o acórdão é ambíguo, obscuro, contraditório ou omisso.

Não preenchidos os requisitos, o relator indeferirá de plano o requerimento. Contra o indeferimento liminar pode caber agravo regimental, se houver previsão no regimento interno do tribunal.

37. Embargos infringentes e de nulidade

Nos tribunais as decisões têm a participação de, no mínimo, 3 juízes. Pode ocorrer que um destes juízes seja vencido no acórdão.

Quando houver decisão não unânime, desfavorável ao réu, na apelação ou no recurso em sentido estrito,[88] caberão os embargos infringentes ou de nulidade.

Os embargos infringentes visam à reforma da decisão proferida, os embargos de nulidade pretendem anular o processo ou acórdão.

Trata-se de recurso exclusivo da defesa,[89] que deve ser interposto perante o relator, dentro do prazo de 10 dias a contar da publicação do acórdão no órgão oficial (§ ún. do art. 609).

A matéria embargável é exclusivamente aquela que foi objeto de divergência entre o voto vencido e a maioria. A divergência pode ser parcial

---

88. Com exceção de Espínola Filho, que entende que os embargos cabem em toda decisão criminal não unânime de 2ª instância, a doutrina majoritária é no sentido de que os embargos só têm cabimento nos julgamentos de apelação e recurso em sentido estrito, vez que o art. 609 está sob o título "Do processo e do julgamento dos recursos em sentido estrito e das apelações". Mas Damásio tem razão ao estender a abrangência dos embargos também ao recurso de agravo na execução: "Em alguns casos o agravo em execução veio substituir o recurso em sentido estrito. Ora, se os embargos infringentes podiam ser opostos das decisões proferidas no recurso em sentido estrito, pela mesma razão devem, hoje, após o advento da LEP, caber das que julgam o agravo em execução" (*Código de Processo Penal Anotado*, nota ao art. 197 da LEP). Cabem embargos infringentes também da decisão não unânime do STF que julgar improcedente a revisão criminal (RISTF, art. 333, II).

89. No processo penal militar o recurso pode ser interposto também pela acusação (art. 538 do CPPM).

(embargos parciais) ou total. A falta de fundamentação do voto vencido não impede a interposição dos embargos.

Com base nas disposições do processo civil, uma corrente entende que é definitiva a parte da decisão embargada em que não houve divergência.[90]

Desta forma, convém, junto com os embargos, interpor recurso especial ou extraordinário da parte da decisão que não foi objeto de divergência, sob pena de preclusão.

Naturalmente, no julgamento dos embargos é vedada a *reformatio in pejus*, vez que se trata de recurso do réu.

Há quem entenda que somente caberão os embargos se a apelação ou o recurso em sentido estrito for da defesa. Se o réu não recorreu e aceitou a sentença, não teria legitimidade para discutir o que já aceitou.

Data venia, esta não é a melhor posição, vez que a situação do réu pode estar sendo agravada no recurso da acusação e com isso ele não concordou ao não recorrer. Por outro lado, a lei não faz qualquer menção no sentido restritivo. Assim, os embargos devem ser admitidos, mesmo no recurso da acusação.

38. Agravos no processo penal

O recurso de agravo, regulado pelo art. 1.042 do CPC, é também cabível no Processo Penal contra decisão do tribunal *a quo* que não admite recurso extraordinário ou recurso especial.

O CPP prevê agravo contra decisões do relator, no tribunal (art. 625, § 3º, recurso inominado). A regulamentação deste recurso está no CPP e nos regimentos internos dos tribunais, que também preveem *agravos regimentais*.

A LEP (L 7.210/84) criou o *agravo em execução*, sem efeito suspensivo, contra as decisões do juiz na execução penal (art. 197). O procedimento deste recurso estava previsto em um projeto de CPP, que acabou não sendo editado. Assim, o procedimento a seguir é o do Recurso em Sentido Estrito, com prazo de interposição de 5 dias, contados da publicação da decisão agravada. Sobre a contagem de prazos v. item 6.2 da Parte Geral deste livro.[91]

---

90. Rogério Lauria Tucci, *Persecução Penal, Prisão e Liberdade*, Saraiva, 1980. Súmulas 354 e 355 do STF.

91. **CPP não se aplica**. Não se aplica no processo penal a contagem em dias úteis do CPC/2015 (AgRg no AREsp 1.107.444-MG).

39. Revisão criminal

Revisão criminal é a ação[92] exclusiva da defesa que pretende a desconstituição de decisão condenatória[93] criminal (acórdão ou sentença) com trânsito em julgado (*res judicata*).

É admitida a qualquer tempo, antes ou depois da extinção da pena[94] e mesmo após a morte do réu. Nos dois últimos casos, como não há pena a cumprir, entende-se que o fundamento do pedido de revisão é restabelecer o *status dignitatis* do réu ou de sua memória.

A revisão pode ser requerida pelo réu, por intermédio de advogado,[95] ou, no caso de morte do réu, pelo cônjuge, ascendente, descendente ou irmão (art. 623 do CPP). O pedido pode ser reiterado sempre que houver prova nova.

O órgão competente para conhecer da ação é o tribunal que proferiu o acórdão revisando, em razão de recurso ou de ação penal originária, ou aquele que teria competência para julgar o recurso contra a sentença que se pretende desconstituir.

Como se observa no art. 621, o pressuposto fundamental é o processo findo, ou seja, a condenação com trânsito em julgado.[96]

Preenchido tal pressuposto, a revisão é admitida em quatro casos (art. 621).

A primeira hipótese (inc. I) ocorre quando a sentença condenatória for contrária a texto expresso de lei penal.[97] Trata-se de decisão que afronta a lei, como, por exemplo, aquela que aplica pena acima do máximo cominado. Não é contrária à lei a decisão que se valeu de interpretação da lei, dentro dos princípios da hermenêutica.

---

92. Embora a revisão criminal esteja incluída entre os recursos no CPP, a doutrina dominante entende que se trata de ação, vez que a relação jurídica inicial está finda e se trata, agora, de desconstituir coisa julgada.
93. Cabe revisão também das sentenças absolutórias impróprias, que absolvem mas aplicam medida de segurança.
94. Não se admite revisão quando foi reconhecida a prescrição da pretensão punitiva.
95. "São atividades privativas de advocacia: I – a postulação a qualquer órgão do Poder Judiciário e aos Juizados Especiais" (Estatuto da Advocacia, L 8.906/94, art. 1º, I). O Ministério Público não tem legitimidade para propor revisão, mesmo a favor do réu, embora tal legitimidade seja admitida no direito estrangeiro.
96. Só é cabível a revisão quando não há mais recursos, pouco importando se o recurso tem ou não efeito suspensivo.
97. Não cabe revisão para o reconhecimento de lei nova mais benigna (*novatio legis in mellius*), pois a competência, neste caso, é do juízo da execução.

A segunda hipótese (ainda no inc. I) é aquela onde a decisão condenatória é contrária à evidência dos autos. Ou seja, aquela completamente divorciada do conjunto das provas.

A terceira hipótese (inc. II) ocorre quando a decisão condenatória se funda em depoimentos, exames ou documentos comprovadamente falsos. Neste caso, deve o autor trazer, com a inicial, a prova da falsidade, que já deve ter sido apurada em outro processo criminal, em ação declaratória ou em justificação nos moldes civis.

A quarta e última hipótese (inc. III) é aquela em que, após a sentença, são descobertas novas provas de inocência ou de circunstância que autorize diminuição da pena. Prova nova é a que ainda não foi apresentada, ou a existente no processo que passou completamente desapercebida pelo juiz da condenação. Também neste caso as provas virgens devem ser produzidas por antecipação, em ação penal cautelar.

Julgando procedente a ação, o tribunal julga o caso e profere nova decisão,[98] alterando a classificação da infração, absolvendo o réu, modificando a pena ou, se for o caso, anulando o processo.

Como é natural, o parágrafo único do art. 626 veda a *reformatio in pejus*.

Junto com o pedido de revisão, poderá o réu, ou seu sucessor, pleitear indenização pelos prejuízos sofridos em decorrência do erro judiciário (arts. 630 do CPP e 5º, LXXV, da CF).[99]

REVISÃO CRIMINAL
1. *condenação contrária a texto de lei*
2. *condenação contrária à prova dos autos*
3. *depoimentos, exames ou documentos falsos*
4. *provas novas da inocência*

40. Recurso extraordinário

O recurso extraordinário, para o STF, é o que pode ser interposto nas causas decididas em única ou última instância, quando a decisão recorrida contiver ofensa à CF (art. 102, III, da CF). Seu efeito é meramente devolutivo. É regulado pelos arts. 1.021 e ss. do CPC.

Prazo: 15 dias (art. 1.003, § 5º do CPC).

---

98. Mesmo no caso de julgamento oriundo do Júri (*RT* 548/331, 708/302).
99. O art. 5º, LXXV, da CF revogou a restrição do § 2º do art. 630 do CPP.

A CF de 1988 alterou muito o recurso extraordinário, que agora só cabe no caso de ofensa a preceito constitucional. As demais matérias infraconstitucionais, ou não constitucionais, como contrariedade à lei federal ou interpretação divergente de lei federal, passaram para a competência do STJ, na área da Justiça Comum, através de um outro recurso, o recurso especial.

41. Recurso especial

O recurso especial, para o STJ, é o que pode ser interposto nas causas decididas, em única ou última instância, da Justiça Comum, em certas matérias infraconstitucionais ou não constitucionais.

Nos termos do art. 105, III, da CF, cabe recurso especial quando a decisão recorrida contrariar tratado ou lei federal, ou negar-lhe vigência, julgar válida lei ou ato de governo local contestado em face da lei federal ou der à lei federal interpretação divergente da que lhe haja atribuído outro tribunal. É regulado pelo CPC, arts. 1.029 e ss.

Prazo: 15 dias (art. 1.003, § 5º do CPC). Efeito meramente devolutivo.[100]

42. Disposições comuns aos recursos extraordinário e especial

Se da decisão couber recurso extraordinário para o STF (quanto à matéria constitucional) e recurso especial para o STJ (quanto à matéria infraconstitucional), deverão os mesmos ser interpostos em petições distintas, sendo julgado primeiramente o recurso especial. Concluído o julgamento, os autos são remetidos ao STF para apreciação do recurso extraordinário, se este já não estiver prejudicado (art. 1.031, e § 1º, do CPC).

Tem-se exigido, em ambos os recursos, o chamado *prequestionamento* (no recurso extraordinário e no recurso especial).

O *prequestionamento* consiste na necessidade de se ter levantado previamente a questão controvertida perante o juízo de origem.

"É inadmissível o recurso extraordinário quando não ventilada, na decisão recorrida, a questão federal suscitada" (Súmula 282 do STF).

"O ponto omisso da decisão, sobre o qual não foram opostos embargos declaratórios, não pode ser objeto de recurso extraordinário, por faltar o requisito do prequestionamento" (Súmula 356 do STF).

---

100. "A pretensão de simples reexame de prova não enseja recurso especial" (Súmula 7 do STJ).

Há casos em que um acórdão deve ser impugnado parte por recurso extraordinário e parte por embargos infringentes.

Isso ocorre quando o dispositivo do acórdão contém matéria julgada por maioria de votos e matéria julgada de modo unânime. Na parte em que houve apenas maioria de votos cabem embargos infringentes. E na matéria unânime o recurso extraordinário deve ser interposto desde logo, sob pena de preclusão, embora fique o mesmo sobrestado até o julgamento dos embargos infringentes.

O mesmo procedimento *supra* deve ser adotado na conjugação de embargos infringentes e recurso especial para o STJ.

Os recursos extraordinário e especial são interpostos no prazo comum de 15 dias, perante o presidente do tribunal recorrido, em petições distintas, sendo recebidos apenas no efeito devolutivo (art. 1.029 do CPC); mas é possível a concessão do efeito suspensivo, mediante pedido fundamentado da parte (§ 5º do art.1.029 do CPC).

43. Carta testemunhável

Carta testemunhável é o recurso cabível contra a decisão que não recebe recurso em sentido estrito ou agravo na execução, ou cria obstáculo à sua expedição ou seguimento ao tribunal *ad quem*.

Por *obstáculo* entende-se "qualquer ato funcional, procedimento ou manobra ativa ou passiva tendente a obstar a expedição e o seguimento do recurso para o juízo *ad quem*" (Borges da Rosa, *Comentários ao Código de Processo Penal*, 3ª ed., São Paulo, 1982).

Como se vê, cabe também carta testemunhável contra a omissão (não decisão) do juiz que cria embaraço ao normal prosseguimento do recurso.

O prazo para interposição é de 48 horas do despacho impugnado. Exige-se intimação ou ciência inequívoca do despacho para o início do prazo,[101] embora o Código empregue a expressão "48 horas seguintes ao despacho".

Se assim não fosse, bastaria o juiz reter os autos por 48 horas para que a carta se tornasse inviável, e a parte teria que acampar no fórum para saber o exato instante do despacho.

---

101. Neste sentido: STF, *RT* 617/384, Tourinho Filho, Hélio Tornaghi, Júlio Fabbrini Mirabete. Contra, entendendo que o prazo corre da data do despacho, independentemente de intimação: Damásio de Jesus e Magalhães Noronha.

Embora a matéria não tenha sido objeto de análise na doutrina, tudo faz crer que, no caso de omissão do juiz que está obstando ao recurso, o lapso começa a correr após escoado o prazo do juiz.[102]

A carta é interposta por requerimento[103] ao escrivão, com a indicação das peças do processo que deverão compor o instrumento que subirá com a carta. No ato, o escrivão passará recibo do requerimento.

Em seguida o escrivão terá 5 dias para extrair, conferir e consertar o instrumento, entregando-o ao testemunhante[104] para o oferecimento de razões, por 2 dias. Após igual prazo para o testemunhado, os autos vão conclusos ao juiz, que, também em 2 dias, reformará seu despacho, dando prosseguimento ao recurso obstado, em juízo de retratação, ou o sustentará, seguindo-se o rito dos arts. 588 a 592 (recurso em sentido estrito).

No tribunal *ad quem* a carta seguirá o procedimento do recurso obstado. Conhecendo da carta, o tribunal mandará o juízo *a quo* processar o recurso obstado ou, se a carta estiver suficientemente instruída, possibilitando o exame do recurso obstado, decidirá logo toda a matéria, no mérito.

A carta não tem efeito suspensivo.

```
CARTA TESTEMUNHÁVEL
É UM RECURSO!
para fazer receber
ou fazer andar
outro recurso
```

---

102. V. os prazos do juiz em cada recurso e também os prazos gerais, do art. 800, e seu § 2º, do CPP.

103. Entende Espínola Filho que, no silêncio da lei, o requerimento poderá ser feito de forma oral.

104. Se o escrivão não der recibo ou não entregar a carta no prazo, caberá representação ao juiz e o funcionário será suspenso por 30 dias. Se mesmo assim o testemunhante não for atendido, poderá reclamar ao presidente do tribunal *ad quem*, que avocará os autos (art. 642).

Obs.: Na denegação da apelação não cabe carta testemunhável, mas recurso em sentido estrito (art. 581, XV). Pode dar-se, então, uma sequência de recursos: obstada a apelação, entra-se com recurso em sentido estrito e, embaraçado este, entra-se com carta testemunhável, para fazer andar o recurso em sentido estrito e, em consequência, a apelação.

44. "Habeas corpus"

Discute-se na doutrina sobre a natureza jurídica do *habeas corpus*: é recurso ou ação?

O *habeas corpus* tem natureza de recurso quando se presta a provocar o reexame e a reforma da decisão, como, por exemplo, quando ataca o despacho de recebimento da denúncia.

Tem natureza de ação quando, por exemplo, é impetrado perante o juiz contra ato de determinada autoridade, ou em substituição à ação de revisão criminal, contra a coisa julgada.

Mas o *habeas corpus* pode também assumir a forma de simples providência. É o que ocorre quando a ordem é concedida de ofício pelo juiz, sem qualquer provocação.

Destarte, o melhor é afirmar que o *habeas corpus* é remédio constitucional que garante o direito individual de locomoção contra ameaça, efetiva violência ou coação exercida de forma ilegal ou com abuso de poder.

A doutrina é unânime em assegurar que o remédio apenas garante a liberdade de ir, vir e permanecer (*jus manendi, ambulandi, eundi ultro citroque*).

Mas não é absurdo admitir-se o remédio heroico na defesa de outros direitos indisponíveis e igualmente importantes, como na impetração para evitar a execução de uma ilegal e inconstitucional pena de morte (direito à vida), ou para proteger o preso contra o carcereiro, que o obriga a escutar, durante o dia todo, música em volume altíssimo (direito à saúde).

Tradicionalmente, a doutrina é no sentido de que o *habeas corpus* somente é cabível contra ato ilegal de *autoridade*, vez que, se o particular atentar contra a liberdade de locomoção, estará cometendo crime e, aí, a solução é acionar a polícia. O argumento não se sustenta, pois a autoridade, conforme o caso, também estará cometendo crime (abuso de autoridade etc.).

Hoje, já se admite a impetração contra ato de particular, citando-se as hipóteses de retenção de paciente em hospital, por não pagar a conta (*RT* 509/336, 574/400), ou de cidadão internado compulsoriamente em casa de doenças nervosas (*RT* 371/138, 584/339).

A admissão de *habeas corpus* contra ato de particular, porém, não é comum, ocorrendo só em casos excepcionais, para uma intervenção mais pronta em casos de constrangimento ilegal ou cárcere privado.

Espécies e pedido liminar. Se o paciente sofrer apenas ameaça, o *habeas corpus* será *preventivo* (art. 660, § 4º), com a expedição de salvo--conduto. Se já está ocorrendo a violência ou coação, o *habeas corpus* será *liberatório*, com a expedição de alvará de soltura, ou outra providência adequada.

O *habeas corpus* será concedido *de ofício* quando o juiz ou tribunal verificar a ilegalidade no curso do processo (art. 654, § 2º).

Em casos graves, e desde que haja pedido neste sentido, admite-se a liminar, provados o *periculum in mora* e o *fumus boni juris*, para que a ilegalidade cesse antes mesmo do exame do mérito.

Aplicação do "habeas corpus". O emprego usual do *habeas corpus* é na cessação da prisão ou ameaça de prisão a que falte ou tenha passado a faltar determinado requisito legal.

Aplicação frequente ocorre no trancamento ou correção de inquérito policial ou de ação penal despidos de justa causa, ou com atos defeituosos que clamem por interferência imediata, por ter o processo criminal a potencialidade de atingir a liberdade do indivíduo.

Destina-se o *habeas corpus* ao combate às coações ilegais, cujos exemplos, entre outros, encontramos arrolados no art. 648 do CPP.

Competência. O *habeas corpus* deve ser impetrado perante a autoridade judiciária superior àquela de quem parte a coação. Desta forma, se a coação parte do delegado, a competência será do juiz criminal da comarca.

Note-se que a ilegalidade "contamina" e se transfere para as autoridades superiores que acolheram o ato ilegal. Assim, se o juiz recebeu e analisou o auto de prisão em flagrante, sem determinar o relaxamento, figurará agora como autoridade coatora.

Se o coator for juiz, a competência será do tribunal com jurisdição imediatamente superior, e assim por diante.

Na Justiça Militar o *habeas corpus* é interposto diretamente na 2ª instância.

Partes. Qualquer pessoa,[105] com ou sem advogado,[106] pode impetrar *habeas corpus*, em benefício próprio ou alheio. Também o Ministério Público[107] pode exercer tal direito.

105. O conceito de "qualquer pessoa" é o mais amplo possível, incluindo o menor, o louco, o analfabeto e a pessoa jurídica. Quando o impetrante não puder ou não souber assinar a petição, alguém a seu rogo o fará (art. 654, § 1º, "b"). Parte da doutrina entende que o juiz não pode impetrar *habeas corpus*, pois tem a função precípua de julgar, não podendo requerer em juízo (*RT* 527/455). Mas pode e deve o juiz concedê-lo de ofício (art. 654, § 2º).

106. "Não se inclui na atividade privativa de advocacia a impetração de *habeas corpus* em qualquer instância ou tribunal" (Estatuto da Advocacia, L 8.906/94).

107. Discutia-se se o promotor de justiça poderia impetrar *habeas corpus* perante o tribunal. A questão perdeu o sentido após a Lei Orgânica Nacional do Ministério Público, L 8.625/93, que, no art. 32, I, informa que é função do próprio promotor impetrar *habeas corpus* perante os tribunais locais.

Paciente é aquele que sofre a ameaça ou coação. *Coator* é o autor da ilegalidade ou o superior que agasalhou o ato. *Impetrante* é o que impetra o *habeas corpus*, podendo ser o próprio paciente. *Detentor* é o que está retendo o paciente, por ordem do coator, como ocorre com o carcereiro em relação ao delegado.

A pessoa jurídica pode figurar no polo ativo, mas dificilmente será paciente, já que não dispõe de liberdade física de locomoção.[108]

Procedimento. A petição[109] deverá conter as qualificações do paciente, do coator, do impetrante e sua assinatura, além da descrição do constrangimento ou da ameaça (art. 654, § 1º).

O juiz poderá mandar que o paciente lhe seja apresentado, ouvir testemunhas e determinar a realização de diligências. Após,[110] deverá decidir em 24 horas.

Na prática, o juiz de 1ª instância segue o rito previsto para os casos de competência originária dos tribunais. Recebida a petição, são requisitadas informações por escrito da autoridade coatora. Recebidas ou dispensadas as informações, segue-se a decisão.

A jurisprudência tem entendido que o *habeas corpus* não é meio hábil para o exame aprofundado de provas.

Recursos. Da decisão do juiz de 1ª instância que concede ou nega *habeas corpus* cabe recurso em sentido estrito (art. 581, X). Admite-se também a impetração de novo *habeas corpus* perante o tribunal, em substituição ao recurso (*RT* 641/362).[111]

Da decisão de tribunal local cabe recurso ordinário constitucional[112] ao STJ (art. 105, II, "a", da CF) ou ao STF (art. 102, II, "a", da CF), recurso especial ao STJ (art. 105, III, "a", "b" e "c", da CF) e extraordinário ao STF (art. 102, III, "a", "b" e "c", da CF).

---

108. Alguns doutrinadores citam o julgado inserto na *RT* 482/359 como exemplo de *habeas corpus* deferido em favor de pessoa jurídica. Na verdade, porém, a ordem mencionada foi deferida em favor dos diretores da pessoa jurídica. Como diz o acórdão, "manifesto que o constrangimento só poderia estar sendo sofrido por parte destes".

109. Nada impede a interposição na forma oral. Neste caso, deve o juiz reduzir o pedido a termo, onde deverá constar a assinatura do impetrante.

110. O promotor de justiça não se manifesta em *habeas corpus* impetrado na 1ª instância.

111. Mas a negativa de liminar em *habeas corpus* não constitui ato coator de possível reparação por outro *habeas corpus*, vez que a concessão de medida liminar insere-se na órbita do convencimento pessoal do juiz (STJ, 6ª T., HC 2.384-6-PE, rel. Min. Pedro Acioli, j. 22.2.94, v.u., in *Boletim AASP* 1.865/297, 21-27.9.94).

112. O recurso ordinário constitucional somente tem cabimento quando a decisão atacada é denegatória.

A sentença que concede *habeas corpus* está sujeita a reexame necessário (art. 574, I, do CPP).

"HABEAS CORPUS"				
NATUREZA JURÍDICA	ESPÉCIES	APLICAÇÃO	PARTES	RECURSOS
a) é recurso b) é ação c) é simples providência d) é remédio constitucional	preventivo liberatório de ofício	contra autoridade (em regra) contra particular (por exceção) em casos de: prisão ilegal coação ilegal trancamento de inquérito de ação penal	paciente impetrante impetrado (ou coator) detentor	de decisão de juiz de 1ª instância: a) recurso em sentido estrito b) outro *hc*

45. Recurso ordinário constitucional (ROC)

Recurso ordinário constitucional é o que cabe para o STF e para o STJ quando houver *decisão denegatória* de tribunal em *habeas corpus* e nas outras matérias apontadas nos arts. 102, II (STF), e 105, II (STJ), da CF.

O recurso ordinário constitucional em *habeas corpus*, ou simplesmente recurso de *habeas corpus*, cabe também de decisão que julga prejudicado o pedido ou não o conhece, pois, na essência, o pedido foi negado.[113]

O prazo para interposição é de 5 dias (arts. 586 do CPP e 30 da L 8.038/90).

No STF somente é cabível o recurso quando o *habeas corpus* for negado em única instância (competência originária) pelos Tribunais Superiores (STJ, TSE e STM).

No STJ cabe recurso ordinário constitucional quando o *habeas corpus* for negado em única ou última instância (competência originária ou recursal),[114] se a denegação for de tribunal.

---

113. Se o pedido for concedido, poderá caber recurso extraordinário ou recurso especial, conforme o caso.

114. Mesmo julgado o recurso pelo tribunal, o juiz continua sendo autoridade coatora quanto às eventuais ilegalidades contidas na sentença e que não foram atacadas

Não sendo o caso de recurso ordinário constitucional, é evidente que cabe a impetração originária de *habeas corpus* perante o STF e o STJ (arts. 5º, LXVIII, 102, I, "i", e 105, I, "c", da CF).

Mas, cabível o recurso ordinário constitucional, é possível a impetração de *habeas corpus* originário, em substituição ou concomitantemente ao recurso?

Na CF anterior havia expressa vedação no sentido de não poder o recurso ser substituído por pedido originário de *habeas corpus* (art. 119, II, "c", da CF anterior).

Mas a atual Carta Magna não repetiu a fórmula proibitiva.

Por conta disso, o STJ tem admitido a substituição e a concomitância do recurso com a impetração originária da ação de *habeas corpus:*

"O *habeas corpus* é ação constitucional. Visa a impedir lesão ou restaurar o exercício do direito de liberdade. Dada a sua natureza jurídica, nada impede a concomitância com qualquer recurso. Ainda que os argumentos sejam os mesmos. Prevenir ou fazer cessar a violência ou coação não encontra obstáculo por determinação de rito ou encerramento do processo" (STJ, 6ª T., HC 1.053-PE, rel. Min. Vicente Cernicchiaro, v.u., *DJU* 9.3.92, p. 2.592).[115]

Em matéria de crime político, o recurso ordinário pode ser impetrado contra o juiz de primeira instância, diretamente ao STF, conforme autoriza o art. 102, II, "b", da CF.

46. Mandado de segurança no crime

Trata-se de ação de natureza civil, de rito sumário especial (art. 5º, LXIX, da CF e L 12.016/2009), que protege "direito líquido e certo, não amparado por *habeas corpus* ou *habeas data*, quando o responsável pela ilegalidade ou abuso de poder for autoridade pública ou agente de pessoa jurídica no exercício de atribuições do Poder Público".

Embora de natureza civil, o mandado de segurança é admitido no processo penal em duas hipóteses.

---

pelo recurso. Nesse sentido: STF, 2ª T., HC 69.245-PB, rel. Min. Paulo Brossard, *DJU* 19.6.92, p. 9.521.

115. No mesmo sentido, admitindo a substituição do recurso ordinário constitucional pelo *habeas corpus* originário: STJ, 5ª T., RHC 1.729-SP, rel. Min. Costa Lima, v.u., *DJU* 9.3.92, p. 2.589. E, admitindo até a impetração originária concomitante à apelação: STJ, 5ª T., RHC 1.951-0-SP, rel. Min. Costa Lima, *DJU* 29.6.92, p. 10.331. Contra, entendendo que a vedação foi mantida pela atual CF: *RT* 648/330.

Cabe quando não há recurso previsto para impugnar o ato ilegal, como, por exemplo, no caso de o ofendido não ser admitido como assistente de acusação (art. 273), ou para assegurar ao advogado o direito de se entrevistar pessoal e reservadamente com o réu.

Também se admite mandado de segurança para emprestar ao recurso interposto efeito suspensivo não previsto na legislação, como no agravo em execução, na correição parcial e no recurso em sentido estrito, se houver *periculum in mora* e patente ilegalidade da decisão atacada.

47. Correição parcial ou reclamação

Embora não previsto no CPP, este *recurso/medida administrativa* tem sido admitido pela doutrina e pela jurisprudência, diante de sua longa e ininterrupta utilização através dos tempos.

Sua regulamentação, geralmente, está nos regimentos internos dos tribunais.[116]

Cabe correição parcial contra atos do juiz que tumultuem o processo, em prejuízo da parte, quando não houver, no caso, um recurso específico, como na paralisação injustificada do processo, ou no indeferimento de pedido do Ministério Público para o retorno do inquérito à delegacia para diligências.

A correição parcial não tem efeito suspensivo e o prazo de interposição é de 5 dias. O procedimento é o do agravo de instrumento.

Além da reforma do ato impugnado, pode a correição parcial ensejar medidas administrativas contra o juiz.

---

116. No Estado de São Paulo a correição parcial é prevista no Código Judiciário do Estado, art. 93.

Capítulo II

PROCEDIMENTOS DO CÓDIGO DE PROCESSO PENAL

1. Processo e procedimento. 2. Espécies de procedimento. 3. Procedimento comum ordinário. 4. Procedimento comum sumário. 5. Procedimento comum sumaríssimo. 6. A suspensão condicional do processo. 7. Observações importantes sobre o procedimento penal. 8. O Júri: 8.1 Organização do Júri – 8.2 Funcionamento do Júri. Instrução preliminar – 8.3 Funcionamento do Júri. Preparação para o plenário – 8.4 Funcionamento do Júri. Julgamento em plenário – 8.5 Desaforamento – 8.6 Observações especiais sobre o procedimento do Júri (arts. 406 a 497). 9. Crimes de responsabilidade dos funcionários públicos. 10. Crimes contra a honra: 10.1 Procedimento. 11. Crimes contra a propriedade imaterial.

1. Processo e procedimento

Processo é o exercício da jurisdição, em relação a uma lide posta em juízo.

Procedimento é o modo pelo qual o processo anda, a parte visível do processo.

2. Espécies de procedimentos

Dividem-se os procedimentos em comuns e especiais.

Procedimentos comuns são os que constituem regra geral, aplicáveis sempre que não houver disposição em contrário.

O procedimento comum divide-se em ordinário, sumário e sumaríssimo. *Ordinário* nos crimes apenados com pena máxima privativa de liberdade igual ou superior a 4 anos (art. 394, § 1º, I). *Sumário* quando a pena máxima cominada for privativa de liberdade inferior a 4 anos (art. 394, § 1º, II). *Sumaríssimo* nas infrações penais de menor potencial ofensivo (CPP, art. 394, § 1º, III), assim consideradas no caso de pena máxima não superior a 2 anos (L 9.099/95, art. 61, referente ao Juizado Especial Criminal).

Procedimentos especiais são os que no todo ou em parte se afastam do andamento comum, mesmo que a diversidade se refira a um só ato.

Muitas vezes o procedimento especial só apresenta alguma diferença nos atos iniciais, desembocando logo depois no rito comum.

OS TRÊS PROCEDIMENTOS COMUNS
- *Ordinário* – pena máxima igual ou superior a 4 anos
- *Sumário* – pena máxima inferior a quatro anos e superior a 2 anos
- *Sumaríssimo* – pena máxima de até 2 anos (Juizado Especial Criminal)

PROCEDIMENTOS ESPECIAIS	
Previstos no CPP	**Previstos em outras leis**
crimes: responsabilidade dos funcionários públicos – arts. 513-518 calúnia, injúria, difamação – arts. 519-523 propriedade imaterial – arts. 524-530	*crimes*: abuso de autoridade – L 4.898/65 economia popular – L 1.521/51 drogas – L 11.343/2006 violência contra a mulher (Lei Maria da Penha) – L 11.340/2006 etc.

3. Procedimento comum ordinário
(pena máxima igual ou superior a 4 anos)

O procedimento comum ordinário inicia-se com o recebimento[1] da denúncia ou queixa.

Recebida a denúncia ou queixa, procede-se à citação do acusado (art. 396). No caso de revelia do citado por edital suspendem-se o processo e o prazo prescricional, podendo ser determinada a produção antecipada de prova urgente (art. 366).

1. A denúncia ou a queixa será rejeitada quando: I – for manifestamente inepta; II – faltar pressuposto processual ou condição para o exercício da ação penal, ou III – faltar justa causa para o exercício da ação penal (art. 395 do CPP).

O acusado tem o prazo de 10 dias para resposta (art. 396).

Após a manifestação do acusado poderá dar-se a *absolvição sumária*, no caso de verificar o juiz haver excludente de ilicitude ou de culpabilidade, inexistência de crime ou punibilidade já extinta (art. 397).

Não sendo o caso de absolvição sumária, o juiz designará a audiência a ser realizada no prazo máximo de 60 dias (art. 400).

Nos termos do art. 399, a audiência pode ser designada já no recebimento da denúncia ou queixa. O momento adequado, porém, é certamente após a resposta, onde já haverá citação e defensor constituído ou dativo para ser intimado (há quem entenda haver duplo recebimento da denúncia ou queixa, um estipulado no art. 396 e outro referido no art. 399).

A audiência de instrução e julgamento é concentrada. No mesmo ato ocorrem a ouvida do ofendido e das testemunhas de acusação e de defesa (em número de 8 para cada parte), o esclarecimento de peritos, acareações, reconhecimento de pessoas e de coisas, culminando com o interrogatório do réu (art. 400). As perguntas são formuladas pelas partes diretamente à testemunha (art. 212). Depois, o juiz poderá inquiri-la para sanar omissões ou contradições.[2]

A testemunha que mora fora da jurisdição do juiz poderá ser ouvida por videoconferência (CPP, art. 222).

Após o interrogatório o procedimento se bifurca.

Primeira hipótese. Se não houver diligência adicional a ser realizada, seguem-se as alegações finais orais, 20 minutos para cada parte[3] (art. 403) ou por memoriais, em 5 dias, considerando-se a complexidade do caso ou o número de acusados (art. 403, § 3º).

Após as alegações finais segue-se a sentença (art. 403).

Segunda hipótese. Quando depois do interrogatório restar diligência necessária, a audiência será encerrada sem as alegações finais. Aguardam-se as diligências faltantes. Realizada estas, podem as partes oferecer memoriais com as alegações finais, no prazo de 4 dias, seguindo-se a sentença (art. 404, § ún.).[4]

---

2. **Inversão da ordem**. Não se reconheceu nulidade por ter o juiz invertido a ordem e inquirido primeiro a testemunha. Necessidade de comprovar o eventual prejuízo para a defesa ou para apuração da verdade dos fatos (STJ, HC 260.379-ES, j. 3.12.2015).

3. Assistente do MP. Fala depois deste, por até 10 minutos. Neste caso, o tempo da defesa é prorrogado por mais 10 minutos também (art. 534, 2º, do CPP).

4. O interrogatório do réu preso é feito no estabelecimento prisional, havendo condições de segurança (CPP, art. 185, § 1º).

4. Procedimento comum sumário
(pena máxima inferior a 4 anos e superior a 2 anos)

Em linhas gerais, o procedimento sumário segue os mesmos trâmites do procedimento ordinário, com as seguintes diferenças:

– o número de testemunhas para cada parte é de 5, e não 8 (art. 532);
– alegações finais somente orais (art. 534);
– nenhum ato será adiado (art. 535).

A audiência de instrução e julgamento é idêntica (arts. 400 e 531). No sumário, porém, a audiência deve ser designada no prazo máximo de 30 dias ao invés de 60 (art. 531).

5. Procedimento comum sumaríssimo

Aplica-se nas infrações penais de menor potencial ofensivo, assim consideradas as contravenções penais e os crimes com pena máxima não superior a 2 anos (CPC, art. 394, III).

São da competência do Juizado Especial Criminal (L 9.099/95) ou do Juizado Especial Federal (L 10.259/2001), abordados adiante, no Capítulo IV deste volume.

No caso de citação por edital, se o réu não comparecer, nem constituir advogado, suspende-se o processo, bem como o curso da prescrição, com a decretação da prisão preventiva, se for o caso (art. 366 do CPP) (*RT* 754/575).

As petições podem ser transmitidas por "fax", devendo os originais ser entregues em juízo em até 5 dias da data do término do prazo (L 9.800/99).

Na sentença condenatória o juiz fixará valor mínimo para reparação dos danos (art. 387, IV).

ESQUEMA DO PROCEDIMENTO COMUM ORDINÁRIO

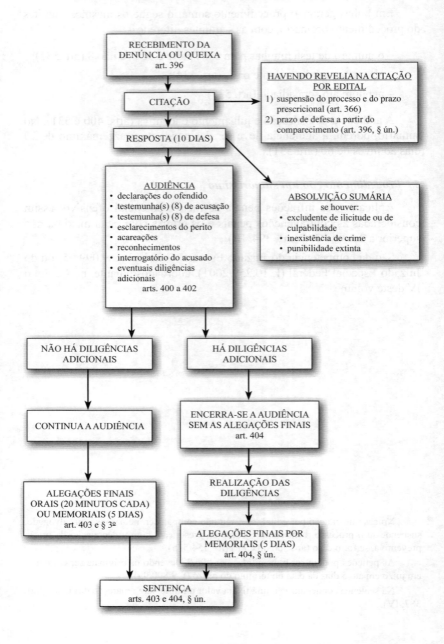

Presença do réu na audiência. Direito que não é absoluto. O réu pode ser retirado se sua presença influenciar negativamente o ânimo da vítima ou testemunha (art. 217). Sua ausência não acarreta nulidade automática, sendo necessária a demonstração de prejuízo concreto para a defesa (STJ, HC 397.444-MG, j. 8.8.2017).

6. *A suspensão condicional do processo*

Nos crimes com pena mínima igual ou inferior a um ano, pode o Ministério Público, ao oferecer a denúncia, propor a *suspensão do processo*, por 2 a 4 anos, nas condições da lei, bastante semelhantes às condições do *sursis* ou suspensão condicional da pena. Na verdade, trata-se também de suspensão condicional (v. adiante, sobre a iniciativa da proposta, cap. IV, item 12, referente ao Juizado Especial Criminal).[5]

Mas, ao invés de mera suspensão da pena, como no *sursis*, propõe-se desde logo a suspensão de todo o processo, a partir do recebimento da denúncia, o que é muito mais prático.

Se o acusado e seu defensor aceitarem a proposta de suspensão do processo e o prazo de suspensão chegar ao fim, sem revogação do favor, estará extinta a punibilidade.

Não aceita a proposta, segue o processo em seus ulteriores termos.

O instituto da suspensão do processo foi introduzido pela Lei 9.099/95, art. 89, lei, essa, que criou os Juizados Especiais Cíveis e Criminais.

A suspensão do processo aplica-se a todos os crimes com pena mínima igual ou inferior a 1 ano, e não apenas aos crimes abrangidos pelo Juizado Especial Criminal.

Por ocasião da denúncia, portanto, conforme o crime, poderá haver sempre um desvio no procedimento, para eventual suspensão condicional do processo, como ilustra o esquema a seguir:[6]

---

5. "Reunidos os pressupostos legais permissivos da suspensão condicional do processo, mas se recusando o promotor de justiça a propô-la, o juiz, dissentindo, remeterá a questão ao Procurador-Geral, aplicando-se por analogia o art. 28 do Código de Processo Penal" (Súmula 696 do STF). O não oferecimento da proposta a réu que preenche os requisitos legais pode constituir constrangimento ilegal, por se tratar de direito público subjetivo (*RT* 847/577).

6. Na ação penal privada cabe, também, a suspensão condicional do processo (*RT* 751/508. Contra: *RT* 765/614).

ESQUEMA DA SUSPENSÃO CONDICIONAL DO PROCESSO

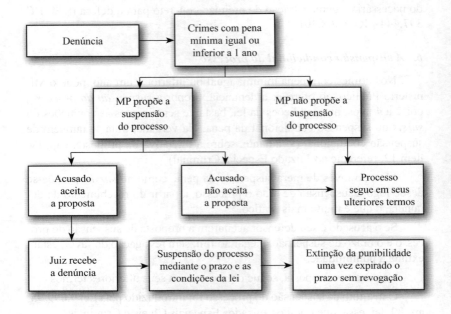

7. Observações importantes sobre o procedimento penal

Audiência – Prazo para realização. No procedimento ordinário a audiência de instrução e julgamento deve ser realizada no prazo máximo de 60 dias (art. 400). No procedimento sumário o prazo é de 30 dias (art. 531).

Citação com hora certa. A exemplo do que ocorre no processo civil, o réu que se ocultar para não ser citado deve ser citado por hora certa (art. 362 do CPP e arts. 252 a 254 do CPC).[7]

Identidade física do juiz. O juiz que presidir a audiência onde se produziram as provas estará vinculado ao processo e deve proferir a sentença (art. 399, § 2º).

7. Após duas tentativas de citar o réu sem sucesso, o Oficial de Justiça, suspeitando de ocultação, deverá proceder à citação com hora certa. Ele intima qualquer pessoa da família do réu, ou, na falta, qualquer vizinho, de que voltará no dia seguinte em determinada hora. No dia seguinte, não encontrando novamente o réu, o oficial procurará informar-se das razões da ausência, e dará por feita a citação, deixando a contrafé (mandado de citação mais a cópia da denúncia ou queixa) com qualquer pessoa da família ou vizinho, anotando-lhe o nome. Depois, o escrivão envia ao réu uma carta, telegrama ou correspondência eletrônica, dando-lhe, de tudo, ciência.

Prisão do acusado. O ingresso e a saída do acusado da prisão devem ser comunicados ao ofendido (art. 201, § 2º).

Peritos. As perícias são realizadas por um perito oficial, portador de diploma de curso superior. Na sua falta, podem oficiar duas pessoas idôneas, portadoras de curso superior (art. 159). Os peritos habilitados até 8.8.2008 estão dispensados da exigência de diploma de curso superior (art. 2º da L. 11.690/2008).

Prisão para apelar – Revogação. Com a revogação do art. 594 do CPP, não se exige mais que o réu se recolha à prisão ou preste fiança para apelar.

Reparação do dano. O juiz, ao proferir sentença penal condenatória, já fixa provisoriamente *o valor mínimo* para reparação dos danos causados pela infração penal (art. 387). Este valor já pode ser objeto de execução direta no cível, sem prejuízo de posterior complementação, após apuração do dano efetivo.

8. O Júri

O Tribunal do Júri é um órgão de primeira instância, ou primeiro grau, da Justiça Comum, podendo ser estadual ou federal.

Compõe-se de 1 juiz de direito, que é o seu presidente, e de 25 jurados, sorteados entre os alistados. Em cada sessão, dentre os 25 jurados, sorteiam-se 7 para formar o Conselho de Sentença.

Ao Júri compete o julgamento dos crimes dolosos contra a vida. No caso do Júri federal, os crimes dolosos contra a vida nas circunstâncias descritas no art. 109 da CF, como a morte de funcionário da União, em razão de suas funções.[8]

Crimes contra a vida são os assim titulados no Código Penal: homicídio; induzimento, instigação ou auxílio a suicídio; infanticídio; aborto (CP arts. 121-127). No caso de conexão entre crime doloso contra a vida e outra espécie de crime, prevalece a competência do Júri (CPP, art. 78, I).

O Júri é competente para julgar o crime conexo, mesmo tendo absolvido o réu da imputação principal (*RT* 649/251). No caso de desclassificação para infração de competência do juiz singular, caberá ao presidente do Tribunal do Júri proferir a sentença (CPP, art. 492, § 1º).

---

8. **Prerrogativa de função *vs.* Júri.** "A competência constitucional do Tribunal do Júri prevalece sobre o foro por prerrogativa de função estabelecido exclusivamente pela Constituição Estadual" (**STF, Súmula Vinculante 45**).

As decisões do Júri são soberanas, no sentido de não poderem ser modificadas no mérito, em grau de recurso, por juízos superiores. A estes cabe apenas a anulação por vício processual, ou, apenas por uma vez, determinar novo julgamento, no caso de decisão manifestamente contrária à prova dos autos.

8.1 Organização do Júri

O Tribunal do Júri é formado pelo juiz-presidente e por 25 jurados.

Todo ano o juiz-presidente deve elaborar uma lista de 80 a 1.500 pessoas, conforme a comarca, para servirem como jurados, anotando-se os nomes dos alistados em cartões, depositados numa urna geral (arts. 425 e 426). Na época apropriada, havendo processo em pauta, são sorteados 25 jurados, tirados os nomes da urna geral, os quais são convocados para a reunião, mediante edital e intimações pessoais.

O sorteio faz-se a portas abertas, cabendo ao juiz retirar da urna geral as cédulas com os nomes dos jurados. As 25 cédulas sorteadas são recolhidas em outra urna menor, chamada urna de sorteio (art. 433). Forma-se assim o Tribunal do Júri, com o juiz-presidente e 25 jurados sorteados.

O serviço do Júri é obrigatório. Os jurados são considerados juízes leigos, com as mesmas responsabilidades dos juízes de direito. A recusa injustificada ao serviço do Júri acarretará a multa prevista no art. 436, § 2º.

O exercício efetivo da função de jurado constitui serviço público relevante, estabelecendo presunção de idoneidade moral, assegurando prisão provisória especial em caso de crime comum[9] bem como preferência, em igualdade de condições, nas concorrências públicas, no provimento, mediante concurso, de cargo ou função pública e ainda nos casos de promoção funcional ou remoção voluntária (arts. 439 e 440 e 295, X).

8.2 Funcionamento do Júri. Instrução preliminar

O procedimento do Júri divide-se em duas fases.

A primeira fase é a da *instrução preliminar*, em que se verifica se o réu deve realmente ser julgado pelo plenário do Júri. Nesta fase ocorrem o oferecimento da denúncia e o seu recebimento, a citação do acusado e a resposta, seguindo-se a audiência de instrução e as diligências necessárias.

A audiência de instrução segue o procedimento do art. 411, com as declarações do ofendido, os depoimentos das testemunhas de acusação e de

---

9. Conforme art. 295, X, do CPP.

defesa, 8 testemunhas para cada parte, esclarecimentos de peritos, acareações ou reconhecimentos de pessoas e coisas, seguindo-se o interrogatório do réu e os debates orais.

Encerrados os debates, o juiz proferirá sentença, no ato ou em 10 dias. O procedimento deverá ser concluído em 90 dias (CPP, art. 412).

A sentença poderá ser de pronúncia, de impronúncia, de absolvição sumária ou de desclassificação (arts. 413 a 415).

Na *pronúncia* o juiz manda o réu a Júri, para julgamento em plenário, por se convencer da materialidade do fato e da existência de indícios suficientes de autoria ou participação, declarando o dispositivo legal em que julgar incurso o acusado (art. 413).

Na *impronúncia* o juiz deixa de mandar o réu a Júri, por julgar duvidosa a acusação quanto à materialidade do fato ou aos indícios de autoria (art. 414).

Na *absolvição sumária*, além de não mandar o réu a Júri, o juiz o absolve desde logo, pela inexistência do fato, pela prova da não autoria, pela inexistência de infração penal ou pela verificação de causa de isenção de pena ou de exclusão de crime (art. 415).

Ocorre a *desclassificação* quando o juiz conclui que o crime não é da competência do Júri (art. 418). Neste caso a sentença decidirá sobre o fato. Se o juiz não for o competente, na espécie, remeterá os autos ao juiz que o seja (art. 419).

8.3 *Funcionamento do Júri. Preparação para o plenário*

Lavrada a sentença de pronúncia, são os autos remetidos ao juiz-presidente do Tribunal do Júri, passando-se para a segunda fase do procedimento.

Esta segunda fase pode ser dividida em duas etapas, uma referente à preparação do processo para o plenário e outra abrangendo o julgamento em plenário.

Na segunda fase a acusação e a defesa podem indicar 5 testemunhas cada e juntar documentos. Realizam-se eventuais diligências para a regularização do processo, seguindo-se um relatório sucinto do juiz e a final inclusão na pauta do Júri (arts. 422 e 423).

8.4 *Funcionamento do Júri. Julgamento em plenário*

Aberta a reunião periódica do Júri, o juiz-presidente confere as 25 cédulas da urna de sorteio e manda que o escrivão faça a chamada dos nomes.

Se comparecerem menos de 15 jurados, sorteiam-se suplentes, com a designação de nova data.

Havendo 15 jurados presentes, o juiz-presidente declara instalados os trabalhos, anunciando o processo em julgamento. Até o momento da chamada podem os jurados apresentar escusas fundadas em motivo relevante (art. 443).

Depois da chamada, e resolvidas as escusas, a urna é novamente conferida e fechada, desta vez apenas com os nomes dos jurados que irão funcionar.

Feito isso, o juiz anuncia o processo em julgamento e manda que se apregoem as partes e as testemunhas (art. 463, § 1º). Seguem-se o sorteio e o compromisso de 7 jurados para comporem o Conselho de Sentença (arts. 466 a 472), podendo as partes – primeiro a defesa e depois o Ministério Público – recusar jurados sorteados, até 3 jurados cada, sem dar os motivos da recusa.[10] Além das 3 recusas imotivadas, podem as partes arguir também eventuais impedimentos ou suspeições, sem limites.

Formado o Conselho de Sentença com os 7 jurados sorteados, o juiz fará a eles a exortação do art. 472, seguindo-se o compromisso nominal de cada jurado. Prestado o compromisso, cada jurado receberá cópias da pronúncia (ou das decisões posteriores que julgaram admissível a acusação) e do relatório do processo. Em seguida, será iniciada a instrução plenária, com a tomada de declarações do ofendido e a inquirição das testemunhas, de acusação e de defesa, nesta ordem.

As perguntas ao ofendido e às testemunhas serão feitas primeiramente pelo juiz-presidente. Podem também formular perguntas, diretamente, o representante do Ministério Público, o assistente, o querelante e o defensor (art. 473). Os jurados formularão perguntas por intermédio do juiz-presidente. Terminadas as inquirições, será o réu interrogado, se estiver presente, podendo as partes e os jurados fazer também perguntas diretamente, na forma acima descrita.

Encerrada a instrução, têm lugar os debates. Uma hora e meia para a acusação. Outro tanto para a defesa. Mais uma hora para réplica e uma hora para tréplica (art. 477).

Durante os debates as partes não poderão, sob pena de nulidade, fazer referência à pronúncia[11] ou a circunstâncias referidas no art. 478, conforme

10. **Separação do julgamento.** Haverá cisão do julgamento conjunto de vários réus se, em razão das recusas, não for obtido o número mínimo de 7 jurados para compor o Conselho de Sentença. Neste caso, julga-se em primeiro lugar aquele a quem foi imputada a autoria ou, na coautoria, conforme critério do art. 429 (réu preso, o preso a mais tempo ou o pronunciado antes).

11. **Pronúncia, leitura em plenário.** A simples leitura de sentença de pronúncia durante sessão do Tribunal do Júri não leva à nulidade do julgamento. "A lei não veda toda

já referido e comentado *supra*, nem proceder à leitura de documento ou exibir objeto não juntado aos autos 3 dias antes (art. 479 e § ún.).

Quanto aos apartes, durante os debates, deverão ser requeridos ao juiz-presidente, que poderá conceder 3 minutos para cada aparte requerido; tempo, esse, que será acrescido ao tempo disponível da parte contrária para a exposição oral (restituição de tempo – art. 497, XII, na redação da L 11.689/2008).

A defesa em plenário deve ser efetiva. Se o juiz entender que o réu está indefeso, poderá dissolver o Conselho, nomeando outro defensor e marcando novo dia para julgamento (art. 497, V). Terminados os debates, o juiz indaga os jurados sobre eventuais dúvidas, esclarecendo-as (art. 480, § 1º).

Em seguida o juiz fará a fixação dos quesitos, lendo-os aos presentes, indagando se as partes têm requerimento ou reclamação a fazer, explicando seu significado aos jurados. O art. 483 determina a ordem dos quesitos, especificamente sobre a materialidade do fato, a autoria ou participação, se o acusado deve ser absolvido e se existe causa de diminuição de pena.

Passa-se depois para a sala especial, onde se procederá à votação dos quesitos, assegurado o sigilo do voto. Ficam na sala especial apenas o juiz-presidente, os jurados, o Ministério Público, o querelante, o defensor do acusado, o escrivão e o oficial de justiça. Na falta de sala especial, o público é convidado a se retirar, permanecendo somente as pessoas supramencionadas. Com isso transforma-se o recinto do plenário em sala especial.

Se quatro jurados responderem negativamente quanto à materialidade do fato e também sobre a autoria ou participação, a votação será encerrada, com a absolvição do acusado (CPP, art. 483, § 1º). Por outro lado, se quatro jurados derem resposta afirmava a estas questões será indagado se eles absolvem o acusado (apesar de reconhecida a materialidade e a autoria). Sendo a resposta negativa, os quatro jurados passarão a responder os demais quesitos sobre as circunstâncias do crime.

Os jurados, pela votação, decidem sobre a materialidade do fato, sobre a autoria ou participação, se o acusado deve ser absolvido e se existe causa de diminuição ou de aumento de pena. O juiz-presidente lavra a sentença, decidindo sobre a fixação da pena, se os jurados tiverem optado pela condenação. Havendo desclassificação da infração para outra, de competência do juiz singular, o próprio juiz-presidente dará a sentença dentro da nova

e qualquer referência à pronúncia. Veda apenas sua utilização como forma de persuadir o júri a concluir que, se o juiz pronunciou o réu, logo este é culpado" (STF, 2ª T., RHC 120.598, rel. Min. Gilmar Mendes, j. 24.3.2015).

tipificação do delito ou, se for o caso, encaminhará o assunto ao Juizado Especial Criminal.

No encerramento, a sentença será lida em plenário, a portas abertas.

8.5 Desaforamento

A requerimento das partes ou por representação do juiz, o Tribunal poderá transferir o julgamento do Júri para outra comarca da mesma região.

Fundamentam a medida o interesse da ordem pública, dúvida sobre a imparcialidade do Júri, segurança do réu ou excesso de serviço, verificado este quando o julgamento não puder ser realizado no prazo de seis meses, contados do trânsito em julgado da pronúncia (arts. 427 e 428).

Por outro lado, havendo disponibilidade na pauta, pode o acusado requerer ao Tribunal que determine a imediata realização do julgamento (art. 428, § 2º).

8.6 Observações especiais sobre o procedimento do Júri (art. 406 a 497)

Algemas. Só é lícito o uso de algemas em casos de resistência e de fundado receio de fuga ou de perigo à integridade física própria ou alheia (cf. Súmula Vinculante 11). A referência ao uso de algemas pelo réu como argumento de autoridade acarreta nulidade do julgamento em plenário do Júri.[12]

Argumento de autoridade (*argumentum ad verecundiam* ou *argumentum magister dixit*). É a parte da argumentação que se apoia em um fato significativo (p. ex., réu mantido algemado durante o julgamento) ou na força moral de quem emitiu parecer ou decisão sobre a questão em foco. Durante os debates, as referências como argumento de autoridade acerca da decisão de pronúncia, das decisões posteriores que julgaram admissível a acusação, da determinação do uso de algemas, do silêncio do acusado ou da falta de interrogatório podem anular todo o julgamento (art. 478, I e II).

Jurados. Os jurados sorteados para a reunião periódica são em número de 25. O Conselho de Sentença é composto de 7 jurados, sorteados dentre os 25. O alistamento geral de jurados é de 80 a 1.500 pessoas, conforme o número de habitantes de cada comarca.

---

12. **Gravidez e algemas**. É proibido o uso de algemas em mulheres grávidas durante os atos médico-hospitalares do parto e durante o período de puerpério imediato (art. 292, § ún., CPP).

Desaforamento. Entre outras causas, o desaforamento pode ser requerido no caso de excesso de serviço, isto é, caso não possa o julgamento ser realizado no prazo de 6 meses do trânsito em julgado da pronúncia (arts. 427 e 428).

Instrução preliminar. É o nome do antigo "sumário da culpa". Refere-se ao procedimento que vai do recebimento da denúncia até a sentença de pronúncia.

Libelo crime acusatório. É o nome de uma antiga peça apresentada pelo Ministério Público de forma articulada, depois da sentença de pronúncia, que estabelecia os limites da acusação em plenário. No procedimento atual, inexiste libelo. Os limites da causa são fixados diretamente pela sentença de pronúncia.

Interrogatório do réu. Ocorre sempre em último lugar, no fim da audiência, após a ouvida do ofendido, das testemunhas de acusação, das testemunhas de defesa e da realização das demais diligências, seja na instrução preliminar (art. 411) ou no julgamento em plenário (art. 474). É que o interrogatório é atualmente considerado um meio exclusivamente de defesa, e, portanto, deve se realizar depois de toda a prova colhida.

Presença do réu. O julgamento não é adiado pelo não comparecimento to de acusado solto (art. 457).

Tempo dos debates em plenário. É de uma hora e meia, para cada parte (art. 477). Para réplica ou tréplica o tempo é de uma hora. Havendo mais de um acusado, os debates serão de duas horas e meia, e a replica/tréplica passará a ser de duas horas (§ 2º do art. 477).

Protesto por novo Júri. Antigo recurso exclusivo da defesa abolido pela L 11.689/2008. Cabia, apenas por uma vez, no caso de sentença condenatória de reclusão igual ou superior a 20 anos.

Debates – Restrição. Durante os debates as partes não poderão mais fazer referência à decisão de pronúncia, às decisões posteriores que julgaram admissível a acusação, ao uso de algemas ou ao silêncio do acusado, sob pena de nulidade (art. 478). O dispositivo legal é inexplicável, pois a acusação é limitada justamente pelo que foi assentado na pronúncia. Como não se referir à pronúncia, se é ela que fixa o dispositivo legal em que o acusado estaria incurso? Este texto legal não se coaduna com CF, em mais de um aspecto. "A lei só poderá restringir a publicidade dos atos processuais quando a defesa da intimidade ou o interesse social o exigirem" (CF, art. 5º, LX). É assegurada "a plenitude da defesa" (CF, art. 5º, XXXVIII, "a"; art. 5º, LV).

Apartes. Durante os debates em plenário os apartes devem ser requeridos ao juiz-presidente, que poderá conceder até 3 minutos para cada aparte requerido; tempo, esse, que será acrescido ao tempo de exposição oral da parte contrária.

Sala secreta. Tem atualmente a denominação de *sala especial*. Local onde o conselho de sentença se reúne para decidir a causa exposta em plenário.

ESQUEMA DA ORGANIZAÇÃO DO JÚRI

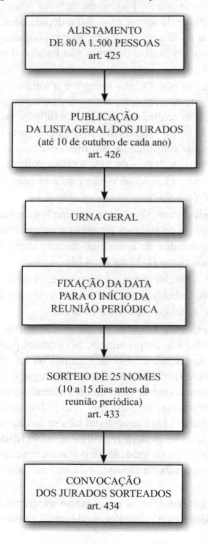

PROCEDIMENTOS DO CÓDIGO DE PROCESSO PENAL 117

ESQUEMA DO FUNCIONAMENTO DO JÚRI

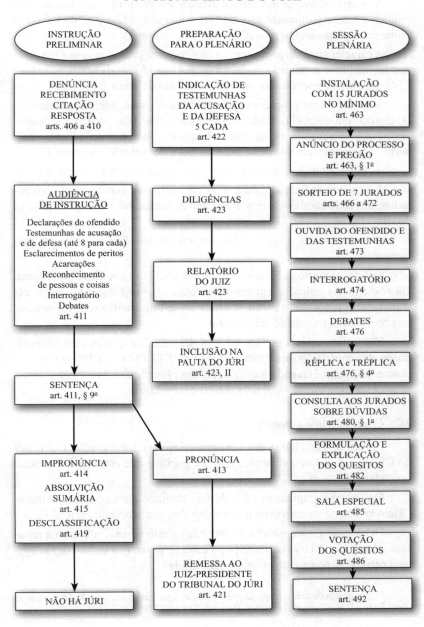

9. Crimes de responsabilidade dos funcionários públicos

A matéria refere-se aos crimes afiançáveis praticados por funcionário público contra a Administração, previstos nos arts. 312 a 327 do CP (se o crime for inafiançável, o procedimento será o comum).

A característica do procedimento é a *resposta preliminar*, que o acusado, devidamente notificado, pode apresentar em 15 dias da notificação (art. 514). Não sendo encontrado, ser-lhe-á nomeado defensor.[13]

Se o juiz julgar procedente a resposta preliminar, rejeitará a denúncia ou queixa, em despacho fundamentado. Caso contrário, receberá a denúncia ou queixa e mandará citar o réu, seguindo o feito o procedimento ordinário, independentemente de se tratar de pena de reclusão ou detenção.

A resposta preliminar não exclui a resposta do acusado, do art. 396-A.

A falta de notificação para a resposta preliminar constitui nulidade relativa, havendo também quem a entenda absoluta. Há inúmeras decisões dos dois lados.

O coautor ou partícipe não funcionário não tem direito à resposta preliminar.

Se o funcionário já deixou o cargo, cabe também a resposta preliminar. Há respeitáveis opiniões em contrário. Mas ofende a equidade ser o ex-funcionário processado como se ainda fosse funcionário sem ter, porém, direito à defesa própria do funcionário.

Não cabe resposta preliminar se a denúncia ou queixa vem acompanhada de inquérito policial (Súmula 330 do STJ). Mas o CPP não faz nenhuma distinção. Havendo inquérito policial, justifica-se da mesma forma a resposta preliminar, vez que nele não há contraditório.

10. Crimes contra a honra

Crimes contra a honra são a calúnia, a injúria e a difamação. O art. 519 do CPP não se refere à difamação, mas é pacífico que esta segue o mesmo procedimento.

Calúnia é a imputação falsa de fato definido como crime. Exemplo: "Tício entrou na secretaria do clube e dali furtou um relógio prateado".

Difamação é a imputação de fato não criminoso mas ofensivo à reputação. Exemplo: "Tício costuma jogar cartas e fumar maconha, com marginais perigosos, na casa abandonada da estrada".

---

13. "É desnecessária a resposta preliminar, de que trata o art. 514 do CPP, na ação penal instruída por inquérito policial" (Súmula 330 do STJ).

Injúria é a xingação pura e simples, sem descrição de nenhum fato. Exemplo: "Tício é ladrão". *Injúria real* é a prática de violência ou vias de fato aviltantes, como, por exemplo, uma chicotada na cara ou um pontapé no traseiro, ou o arremesso, contra uma pessoa, do conteúdo de um balde de excrementos, segundo um exemplo clássico.

A ação, em regra, é privada, procedendo-se somente mediante queixa. No caso de injúria real, porém, se houver lesão corporal, a ação é pública incondicionada (art. 145 do CP).

Em duas hipóteses a ação será pública condicionada: 1) a ação depende de requisição do Ministro da Justiça se a ofensa é contra o Presidente da República ou contra chefe de governo estrangeiro (art. 141, I, c/c art. 145, § ún., do CP); 2) a ação depende de representação do ofendido se o crime é cometido contra funcionário público, em razão de suas funções (art. 141, II, c/c art. 145, § ún., do CP).[14]

Pedido de explicações. Se a ofensa for equívoca, velada, ou indireta, deve o ofendido propor primeiramente um pedido de explicações, no juízo criminal, nos termos do art. 867 do CPC. Não cabe pedido de explicações ou interpelação judicial se não há dúvida em torno do conteúdo ofensivo ou sobre o destinatário da ofensa (STF, Pet 5.146-DF, rel. Min. Celso de Mello, j. 21.2.2014).

Retratação. O querelado que, antes da sentença, se retrata cabalmente da calúnia ou da difamação fica isento de pena (art. 143 do CP). A retratação não cabe na injúria nem na ação pública.[15]

A retratação independe da aceitação do querelante (*RT* 555/372). Não pode ser ambígua. A retratação tem de ser clara, cabal, completa, definitiva, exata, terminante (*RT* 623/356).

10.1 Procedimento

Audiência de reconciliação. Na ação privada há uma audiência prévia de reconciliação, cuja omissão caracteriza nulidade (*RT* 572/358, 596/386). Na ação pública não há audiência de reconciliação.

Havendo reconciliação, o ofendido assina um termo de desistência, arquivando-se o feito (art. 522 do CPP).

---

14. Se a ofensa contra funcionário público tiver caráter pessoal, e não funcional, a ação será privada (*RT* 599/396). Mas, se a ofensa tiver caráter funcional, a legitimidade é concorrente, do ofendido, mediante queixa, e do Ministério Público, mediante representação (Súmula 714 do STF) (*RT* 826/505).
15. Um acórdão, porém, admitiu a retratação em ação pública: *RT* 646/318.

Vista ao Ministério Público. Não havendo reconciliação, na ação privada, abre-se vista ao Ministério Público, a quem cabe intervir em todos os termos subsequentes do processo (art. 45 do CPP).

Pode ele aditar a queixa para suprir eventuais incorreções. Pode oferecer denúncia substitutiva, se entender tratar-se de crime de ação pública. Pode opinar pela rejeição da queixa, sendo o caso.

Recebimento da denúncia ou queixa. No caso de denúncia, segue-se o seu recebimento ou rejeição. No caso de queixa, como vimos, há a audiência preliminar de reconciliação e a vista ao Ministério Público, e depois o recebimento ou rejeição.

De qualquer forma, daí em diante segue-se o procedimento ordinário.

Exceção da verdade ou notoriedade. Pode o réu, quando a lei o permite, alegar que o fato imputado é verdadeiro (exceção da verdade) ou que é conhecido de todos (exceção da notoriedade) (art. 523 do CPP).

Tais exceções cabem na calúnia e na difamação, salvo nos casos em que não são admitidas. Não cabem na injúria, em nenhum caso.

Na calúnia, a prova da verdade ou notoriedade não é admitida nas hipóteses do art. 138, § 3º, do CP.[16]

Na difamação, a verdade ou notoriedade só é admitida se o ofendido é funcionário público e a ofensa é relativa ao exercício de suas funções (art. 139, § ún., do CP).

Estas exceções cabem na ação pública e na ação privada, e devem ser oferecidas na defesa prévia. Mas o CPP não proíbe a sua apresentação em qualquer outro momento.[17]

Não há formalidades, nem autuação em separado. Basta a apresentação da exceção como destaque da defesa prévia.

Intimação para contestar a exceção. O juiz, mediante despacho, declara se admite ou não a exceção. Em caso positivo, manda intimar o querelante (ou o MP) para contestar a exceção, se quiser, em 2 dias.

Na contestação à exceção, o querelante ou o Ministério Público podem modificar o rol de testemunhas da inicial, indicando outras, em substitui-

---

16. A exceção da verdade ou notoriedade não é admitida: a) se o fato é imputado ao Presidente da República, ou a chefe de governo estrangeiro; b) se o fato imputado é crime de ação pública, mas o ofendido já foi absolvido; c) se o fato é crime de ação privada, mas o ofendido ainda não foi condenado (art. 138, § 3º, do CP).

17. Um acórdão aceitou a exceção da verdade por ocasião da apelação, com base em prova documental: *RT* 607/307.

ção, ou completando o máximo legal, que é de 8 testemunhas (art. 523 do CPP).

Processamento da exceção. A exceção da verdade ou notoriedade não corre em separado. É processada juntamente com a ação, ouvindo-se inclusive, no mesmo ato, as testemunhas da ação e as da exceção.

Diligências e alegações finais. Terminada a inquirição das testemunhas, procede-se às eventuais diligências e às alegações finais em 5 dias (art. 404, § ún.).

Sentença. Findo o prazo das alegações finais, profere o juiz sentença, em 10 dias (art. 800, I). Havendo exceção da verdade ou notoriedade, o juiz a apreciará primeiro, antes das outras matérias, na mesma sentença.

Mas, se o ofendido gozar de foro privilegiado, por prerrogativa de função (art. 69, VII, do CPP), e o ofensor tiver apresentado exceção da verdade ou notoriedade, cinde-se o julgamento (art. 85 do CPP).

Os autos, então, devem ser remetidos à instância superior (TJ, STJ ou STF), para o julgamento da exceção.[18]

Como bem explica Walter P. Acosta, "nos casos em que o querelante for pessoa que goze de prerrogativa de função, como foi dito, e a exceção for admitida, o juiz continuará a fazer o processo, mas não poderá julgá-lo, pois, chegada a oportunidade de fazê-lo, o remeterá ao tribunal que seria originariamente competente para julgar o querelante se contra ele fosse instaurada ação penal" (*O Processo Penal*, 20ª ed., p. 427).

Julgada procedente a exceção pela instância superior, encerra-se ali o processo, com a determinação ou não de extração de peças para posterior ação penal contra o querelante (art. 40 do CPP).

Mas, se a *exceptio* for julgada improcedente pela instância superior, predomina o entendimento de que os autos voltam ao juízo de origem, de 1º grau, para julgamento das demais matérias, cessando a competência do foro privilegiado.[19]

---

18. Nesse sentido: *RTJ* 71/691; *RT* 532/434, 581/360, 613/392, 615/258, 662/278.
19. Há quem entenda que o tribunal, neste caso, deva julgar não só a exceção, mas também as demais matérias, ante a prorrogação da competência (*RT* 488/324).

ESQUEMA DO PROCEDIMENTO DOS CRIMES CONTRA A HONRA

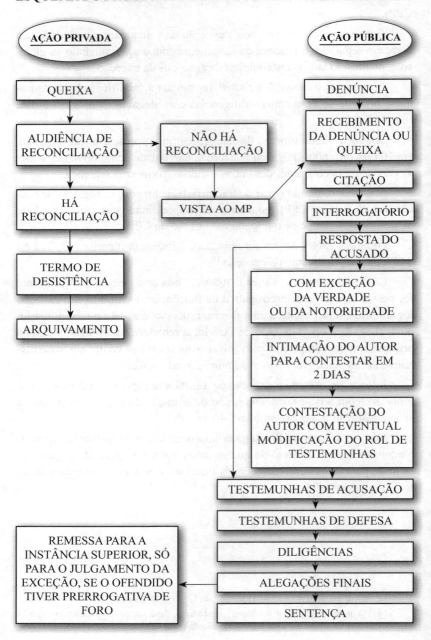

CRIMES CONTRA A HONRA
– *Ação*: privada (em regra), pública (por exceção) – *Pedido de explicações*: medida preliminar, na ofensa velada – *Retratação*: antes da sentença, isenta de pena; deve ser cabal; não cabe na ação pública (entendimento predominante); não cabe na injúria – *Audiência de reconciliação*: indispensável no caso de queixa; não existe no caso de denúncia – *Exceção da verdade ou notoriedade*: *cabimento*: na calúnia, ação privada ou pública; na difamação, só com ofendido funcionário público, em razão de suas funções; não cabe exceção na injúria e nos casos expressamente vedados; *processamento*: junto com a ação

11. Crimes contra a propriedade imaterial

Abrangência. Denominam-se crimes contra a propriedade imaterial os crimes referentes ao direito do autor e ao direito da propriedade industrial (marcas, patentes, concorrência desleal etc.).

Legislação aplicável. Os crimes referentes ao direito do autor (propriedade literária, científica e artística) estão definidos no art. 184 do CP. E a Lei 9.279/96 define os crimes contra a propriedade industrial (marcas, patentes etc.).[20]

Ação penal nos direitos autorais. Os crimes que possam ser abrangidos pelo art. 184, *caput*, seguem a ação penal privada (cf. art. 186, I, do CP).

A ação penal é pública incondicionada nos crimes qualificados contra os direitos autorais (art. 184, §§ 1º e 2º, do CP), e sempre que forem atingidos interesses de entidade pública (cf. art. 186, II e III, do CP).

E é pública condicionada à representação nos casos previstos no § 3º do art. 184 do CP.

Ação penal na propriedade industrial. Nos crimes contra a propriedade industrial a ação penal é sempre privada, salvo no crime do art. 191 da Lei 9.279/96 (imitação de armas, brasões ou distintivos oficiais).

Procedimento da ação penal privada. O procedimento difere conforme a infração deixe ou não deixe vestígios. Se o crime é dos que não deixam vestígio, o rito será o ordinário, ainda que a pena seja de detenção (art. 524 do CPP). O prazo de decadência da ação privada é o geral, de 6 meses (art. 38 do CPP; art. 103 do CP).

---

20. Sobre direitos autorais de programa de computador, v. L 9.609/98.

Crimes que deixam vestígio. Se o crime é dos que deixam vestígio, deverá o interessado, antes da denúncia ou queixa, requerer busca e apreensão e perícia, apresentando desde logo os quesitos.

A diligência é realizada por 2 peritos do juízo, com a vistoria dos objetos e apreensão de quantos bastem para a prova da infração. Não deve ser apreendido mais do que o necessário para esse fim.

O requerente da diligência poderá impugnar o laudo contrário à apreensão, podendo o juiz determiná-la, se assim entender mais acertado. Pois os peritos podem concluir desde logo que não há infração penal, e deixar de realizar a apreensão.

O laudo é homologado pelo juiz, sem exame do mérito. Os autos devem então aguardar em cartório o início da ação penal, onde o laudo será apreciado.

Há divergência sobre se cabe ou não recurso da homologação do laudo.[21]

O ofendido deve requerer a busca e apreensão em 6 meses do conhecimento do fato, sob pena de decadência. E deve oferecer a queixa em 30 dias (ou em 8 dias se o réu estiver preso – art. 530) contados da intimação da homologação do laudo, sob pena de *ineficácia* do laudo, ou seja, da perda de sua validade para instruir a inicial (arts. 529 e 530 do CPP) (*RT* 592/339).[22] No caso de réu preso, o prazo para oferecer a queixa é reduzido para 8 dias (art. 530).

Procedimento da ação penal pública (arts. 530-B a 530-H do CPP). A ação segue o rito ordinário, iniciando-se com o oferecimento de denúncia pelo Ministério Público. A busca e apreensão é feita no inquérito policial,

---

21. Da simples homologação não deve caber recurso, pois o mérito do laudo é examinado na ação penal, a partir do recebimento da denúncia ou queixa. No indeferimento de apreensão, porém, cabe apelação, por se tratar de decisão com força de definitiva (art. 593, II, do CPP).
Entendem que da homologação do laudo cabe apelação: Mirabete, *Processo Penal*, p. 544; Damásio, *Código Anotado*, 8ª ed.; *RT* 471/344, 527/384. Entendem que da homologação não cabe recurso: Magalhães Noronha, *Curso*, 21ª ed., p. 309; Espínola, *Código de Processo Penal Anotado*, 4ª ed., v. 5/216. Para Vicente Greco Filho a apreensão é irrecorrível, cabendo, porém, apelação do indeferimento da apreensão (*Manual*, p. 388).

22. **Decadência do direito de queixa nos crimes contra a propriedade imaterial.** Uma corrente entende que se dá a decadência se a queixa não é oferecida em 6 meses da ciência do fato (*RT* 554/368, 562/339). Para outra corrente, porém, que é predominante, basta que a busca e apreensão seja requerida em 6 meses da ciência do fato e a ação seja proposta em 30 dias da homologação do laudo (*RT* 592/339, 617/402, 669/318), ou, como parece mais acertado, da intimação da homologação do laudo (*RTJ* 84/456; *RT* 615/297, 626/398, 648/349).

diretamente pelas autoridades policiais. A perícia pode ser realizada no inquérito policial ou em juízo. O juiz, na sentença, pode determinar a destruição dos bens ilicitamente produzidos.

ESQUEMA DA AÇÃO PENAL PRIVADA

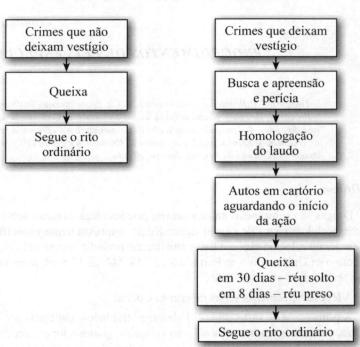

Capítulo III

PROCEDIMENTOS DE LEIS ESPECIAIS

1. Drogas: 1.1 Procedimento/Usuários – 1.2 Procedimento/Traficantes. 2. Processos de competência originária dos tribunais. 3. Contravenção do jogo do bicho. 4. Abuso de autoridade. 5. Crimes contra a economia popular. 6. Juizados Especializados de Violência Doméstica e Familiar Contra a Mulher (Lei Maria da Penha). Jurisprudência

1. Drogas

Drogas são substâncias entorpecentes, psicotrópicas e outras, sob controle especial, capazes de causar dependência, expressamente especificadas em lei ou relacionadas em listas atualizadas periodicamente pelo Poder Executivo da União, como na Portaria SVS/MS-344, de 12.5.98, mencionada no art. 66 da Lei 11.343/2006.

A lei estabelece duas séries de crimes e penas.

A primeira série (arts. 28 e 29) abrange atividades praticadas por um usuário, para seu consumo pessoal, como adquirir, guardar, ter em depósito, transportar, ter consigo, semear, cultivar ou colher plantas destinadas à preparação de pequena quantidade da substância ou produto.

Na avaliação do uso próprio consideram-se a natureza e a quantidade da droga, as circunstâncias da ação, os antecedentes e os aspectos pessoais e sociais do agente.

As penas, na primeira série, são de advertência, prestação de serviços à comunidade ou medida educativa de comparecimento a programa ou curso educativo – as duas últimas com o prazo de 5 meses (ou 10 meses, na reincidência). Na recusa, cabe admoestação verbal ou, sucessivamente, persistindo a recusa, caberá multa, de 40 a 100 dias-multa, calculados na forma do art. 29.

A segunda série abrange o comércio ilícito de drogas e a produção não autorizada (arts. 33 a 40).

O art. 33, *caput*, pune o tráfico, em 18 modalidades diferentes, como produzir, adquirir, transportar, importar, exportar ou vender drogas. Pena de reclusão de 5 a 15 anos e multa de 500 a 1.500 dias-multa. Um dia-multa pode ser fixado em 1/30 a 5 vezes o valor do salário mínimo e, conforme a situação econômica do réu, aumentado, ainda, até o décuplo.

O art. 33, § 1º, pune com as mesmas penas atividades envolvendo matéria-prima, insumos ou produtos químicos, semeadura, cultivo ou colheita de plantas para o preparo de droga (incs. I e II) e, ainda, a utilização de local, ou consentimento para que outrem dele se utilize, de propriedade do agente ou sob os seus cuidados, para ali se exercer tráfico de drogas (inc. III).

O art. 33, § 2º, pune, como delito autônomo, o induzimento, a instigação ou o auxílio ao uso de drogas.

O art. 33, § 3º, pune a oferta de droga, eventual e sem objetivo de lucro, a pessoa de relacionamento do agente, para juntos a consumirem.

A lei tipifica atividades ligadas a maquinários, aparelhos, instrumentos ou objetos destinados a fabricação, preparação, produção ou transformação de drogas, a associação de duas ou mais pessoas para o tráfico, o financiamento de atividades referentes a drogas, a colaboração como informante para os crimes em exame, a condução de embarcação ou aeronave após o consumo de droga, a prescrição culposa de drogas.

Prevê-se a delação premiada (art. 41).

Prevê-se isenção ou redução de pena para dependentes de droga, em todas as infrações, se a dependência tiver causado incapacidade, respectivamente total ou parcial, de entender o caráter ilícito do fato ou de determinar-se de acordo com esse entendimento (arts. 45 e 46).

1.1 Procedimento/Usuários

Nos crimes relacionados no art. 28 (primeira série – usuários) não haverá prisão em flagrante, devendo o agente ser imediatamente encaminhado ao juízo competente ou, na falta deste, assumir o compromisso de a ele comparecer. Segue-se o procedimento dos Juizados Especiais Criminais (L 9.099/95), salvo se houver concurso com crime da segunda série previsto nos arts. 33 a 37. O Ministério Público poderá propor a aplicação imediata de advertência, prestação de serviço ou medida educativa.

1.2 Procedimento/Traficantes

Os crimes previstos nos demais artigos (segunda série – traficantes) seguem rito especial, previsto nos arts. 54 a 59.

ESQUEMA DO PROCEDIMENTO DA LEI DE DROGAS

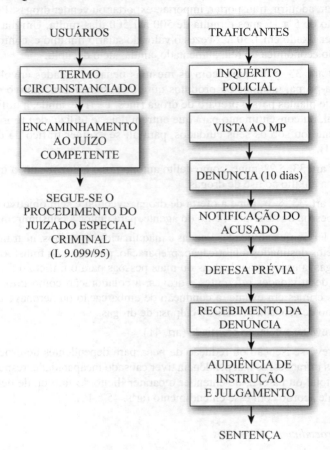

Recebido o inquérito policial, o Ministério Público tem 10 dias para oferecer denúncia e/ou requerer diligências, ou requerer arquivamento.

O acusado é notificado para oferecer defesa prévia, em 10 dias. Na omissão, deve ser nomeado defensor dativo. Apresentada a defesa, o juiz rejeitará ou receberá a denúncia, com a designação, na segunda hipótese, de audiência de instrução e julgamento, após a citação do acusado e intimações devidas, tudo nos moldes do procedimento sumário do Código de Processo Penal.

Encerrados os debates, o juiz proferirá sentença de imediato.

Nos crimes dos arts. 33, *caput* e seu § 1º, e 34 a 37, o réu terá de recolher-se à prisão para apelar, salvo se for primário e de bons antecedentes. Os crimes dos arts. 33 a 37 passam para a competência da Justiça Federal se for caracterizado ilícito transnacional.

2. Processos de competência originária dos tribunais

Certas pessoas, em razão do cargo, só podem ser processadas criminalmente em instância superior (prerrogativa de foro).

Assim, o prefeito, tanto nos crimes comuns como nos chamados crimes de responsabilidade, previstos no Decreto-lei 201, de 27.2.67, deve ser julgado diretamente pelo Tribunal de Justiça (art. 29, X, da CF), oficiando no feito o Procurador-Geral de Justiça ou promotor por ele designado (*RT* 824/584).

Os governadores, os desembargadores dos Tribunais de Justiça, os membros dos Tribunais de Contas dos Estados e outras autoridades referidas no art. 105, I, da CF, são julgados diretamente pelo Superior Tribunal de Justiça.

O Presidente da República, o Vice-Presidente, os membros do Congresso Nacional e o Procurador-Geral da República são julgados pelo Supremo Tribunal Federal (art. 102, I, "b", da CF).

Procedimento. É o previsto na Lei 8.038/90. A Lei 8.658/93 determinou a aplicação da Lei 8.038/90 também aos prefeitos municipais.[1]

Oferecida a denúncia ou queixa perante o tribunal competente, há a notificação para resposta prévia, antes do recebimento da denúncia. O relator pedirá dia para que o tribunal delibere sobre o recebimento ou a rejeição da denúncia ou queixa, ou, ainda, e desde logo, sobre a improcedência da acusação, se a decisão não depender de outras provas.

Recebida a denúncia ou queixa, dar-se-á o interrogatório. Vêm depois a defesa prévia e a instrução pelo procedimento comum, no que couber. Seguem-se as alegações e o julgamento, este na forma determinada pelo Regimento Interno.

1. O art. 84 do CPP determina que a prerrogativa de foro especial continua a prevalecer mesmo após deixado o cargo. A disposição, porém, já foi julgada inconstitucional (STF, ADIn 2.860; *Boletim AASP* 2.496).

"A competência do Tribunal de Justiça para julgar prefeitos restringe-se aos crimes de competência da Justiça Comum estadual; nos demais casos, a competência originária caberá ao respectivo tribunal de segundo grau" (Súmula 702 do STF).

"A extinção do mandato do prefeito não impede a instauração de processo pela prática dos crimes previstos no art. 1º do Decreto-lei n. 200/67" (Súmula 703 do STF).

"Não há foro por prerrogativa de função nas causas cíveis" (*RT* 771/155).

3. Contravenção do jogo do bicho

A Lei 1.508, de 19.12.51, regula o procedimento das contravenções do jogo do bicho, do jogo sobre corridas de cavalo, feito fora dos hipódromos, e das apostas sobre competições esportivas – infrações, essas, tipificadas nos arts. 58 e 60 do Decreto-lei 6.259/44. Naquele tempo, o procedimento sumaríssimo da Lei 1.508/51 podia ser iniciado por auto de flagrante, denúncia do Ministério Público ou portaria da autoridade policial ou do juiz.

Nos termos do art. 129, I, da CF de 1988, porém, a iniciativa da ação restringiu-se tão-somente ao Ministério Público.[2]

Procedimento. O procedimento da contravenção do jogo do bicho é o mais simplificado que existe.

Com o inquérito policial, ou outra peça de informação, o promotor de justiça oferece a denúncia, com até 3 testemunhas, o mesmo número que é facultado à defesa.

O juiz, ao receber a denúncia, designa a audiência de instrução e julgamento e manda citar o réu.

Na resposta (art. 394, § 4º), o acusado, se quiser, poderá requerer, até 3 dias antes da audiência, a ouvida de 3 testemunhas, pedindo que sejam notificadas ou declarando que comparecerão independentemente de notificação.

A audiência inicia-se com o interrogatório do réu. Se este não tiver advogado, terá de ser-lhe nomeado defensor dativo, com a suspensão dos trabalhos e designação de nova data para prosseguimento, com prazo suficiente para a indicação e intimação de testemunhas.

O interrogatório deveria vir antes da audiência, para evitar o contratempo.

Interrogado o réu, ouvem-se as testemunhas de acusação e de defesa. Depois vêm os debates. Vinte minutos cada um. Encerra-se com a sentença, no ato, ou em 5 dias.

Não haverá nulidade se, ao invés do rito especial, se adotar o procedimento sumário.

Predomina o entendimento de que a contravenção do jogo do bicho é afiançável.[3]

---

2. "Com o advento da Constituição Federal de 1988, o processo contravencional somente pode ter início mediante denúncia do Ministério Público" (STJ, 5ª T., RHC 2.370-7-SP, rel. Min. Fláquer Scartezzini, v.u., *DJU* 7.12.92, p. 23.327).

3. No entanto, entendem inafiançável a contravenção do jogo do bicho, por força da norma especial do art. 59 do DL 6.259/44, não revogada expressamente: Geraldo de

ESQUEMA DO PROCEDIMENTO DA CONTRAVENÇÃO DO JOGO DO BICHO

Faria Lemos Pinheiro, in *Tribuna do Direito* 16/8, São Paulo, agosto/94; *RT* 519/433 (o mesmo acórdão foi publicado tb. na *RF* 262/317).

    Entendem afiançável a contravenção do jogo do bicho: Mirabete, *Processo Penal*, ed. 1991, p. 391; Damásio, *Código de Processo Penal Anotado*; Paulo Lúcio Nogueira, *Contravenções Penais Controvertidas*, LEUD, 1993, p. 293; *RT* 532/377, 592/394; *JTACrimSP-Lex* 61/138; *RTJE* 42/206, 59/124.

    Entendem inafiançável a contravenção do jogo do bicho, por força da norma especial do art. 59 do DL 6.259/44, não revogada expressamente: Geraldo de Faria Lemos Pinheiro, in *Tribuna do Direito* 16/8, São Paulo, agosto/ 94; *RT* 519/433 (o mesmo acórdão foi publicado tb. na *RF* 262/317).

4. Abuso de autoridade

A Lei 4.898, de 9.12.65, define o abuso de autoridade.

Como figuras criminais constam, por exemplo, a prisão ilegal, o constrangimento ilegal, o atentado à incolumidade física, à liberdade de locomoção, à inviolabilidade do domicílio, ao sigilo de correspondência etc. (arts. 3º e 4º).

Considera-se autoridade, para os efeitos desta lei, o funcionário público, em sentido amplo, ou seja, quem exerce cargo, emprego ou função pública, de natureza civil ou militar, ainda que transitoriamente ou sem remuneração (art. 5º).

Pode responder como coautor quem não está investido de função de autoridade.[4]

A jurisprudência diverge sobre a questão de se saber se a lei especial, de abuso de autoridade, teria revogado implicitamente o art. 322 do CP, que define a violência arbitrária,[5] e o art. 350 do CP, que define o abuso de poder,[6] vez que a tipificação da lei comum e a da lei especial se assemelham.

Tem-se entendido que a competência para o julgamento de policial militar, por abuso de autoridade, é da Justiça Comum.[7]

Ação penal. Nos crimes de abuso de autoridade, a ação penal é *pública incondicionada.*

A ação pode ser proposta mediante representação, mas a falta de representação não obsta à iniciativa ou ao curso da ação pública, como dispõe expressamente o art. 1º da Lei 5.249/67. Podem servir de base para a denúncia não só a representação do ofendido mas, também, o inquérito policial ou qualquer outra peça informativa.

Procedimento. No caso de representação, deve a mesma ser feita em *duas vias,* e deve conter a exposição detalhada dos fatos, a qualificação do acusado e o rol de testemunhas, no máximo de 3, se houver (art. 2º, § ún.).

---

4. *RT* 540/338, 551/369 (contra: *RT* 495/381).

5. A L 4.898/65, de abuso de autoridade, revogou o art. 322 do CP: *RT* 376/246, 381/206, 394/267, 397/277, 401/297, 405/417, 436/410. A L 4.898/65 não revogou o art. 322 do CP: *RT* 449/504, 472/392, 511/332, 592/343.

6. A L 4.898/65 revogou o art. 350 do CP: *RT* 394/267, 405/417, 504/379. O art. 350 do CP não foi revogado: *RT* 537/299.

7. A competência é da Justiça Comum, porque o art. 9º do CPM não arrola o abuso de autoridade como crime militar: *RT* 548/341, 552/353, 562/425, 574/320, 577/457, 589/353 e 443, 591/397, 608/390, 696/373. Em sentido oposto: a competência é da Justiça Militar, *RT* 545/343, 555/315.

Se a infração deixou vestígios, poderá o ofendido comprová-los com duas testemunhas e requerer perícia. Neste caso, poderão ser arroladas 5 testemunhas, ao invés de 3.

A denúncia é também oferecida em *duas vias*. Se a denúncia não for oferecida no prazo (48 horas, da representação), caberá queixa subsidiária.

Conclusos os autos, deve o juiz, em 48 horas, receber ou rejeitar a denúncia, determinando a citação, no caso de recebimento, e designando a audiência de instrução e julgamento.

Neste procedimento especial não cabe a resposta preliminar, do art. 514 do CPP, referente ao processo de crime de responsabilidade de funcionário público.[8]

A citação é feita por mandado sucinto, acompanhada da segunda via da representação e da segunda via da denúncia.

---

8. *RT* 389/319, 397/268, 519/346, 533/334, 538/378, 551/369, 556/343, 566/372, 573/451, 575/363, 602/403, 643/299.

ESQUEMA DO PROCEDIMENTO DO ABUSO DE AUTORIDADE

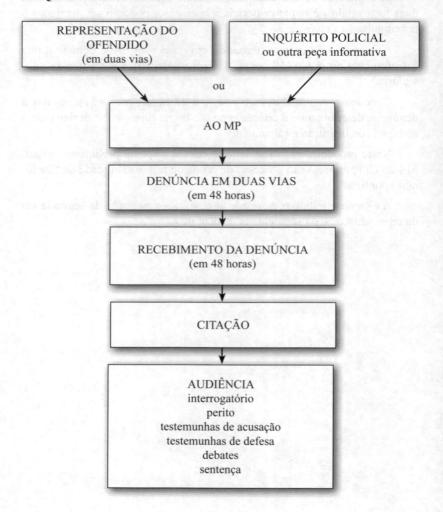

As testemunhas devem ser apresentadas em juízo independentemente de intimação. A intimação só será feita se o juiz, em despacho motivado, considerar indispensável a providência (art. 18, § ún.).

A acusação pode arrolar 3 testemunhas, e mais duas, no caso de exame de corpo de delito indireto. E a defesa, na omissão da lei, também 3 testemunhas.

Em princípio, evitam-se precatórias, que poderão, contudo, ser expedidas, mediante despacho motivado. Diligências, perícias, exames, em princípio, também não serão deferidos, salvo no caso de perito para o exame de corpo de delito (art. 14, "b"), ou em outros casos, se o juiz proferir despacho motivado (art. 18, § ún.).

Tais restrições, hoje, não se sustentam. O juiz deve facilitar, e não dificultar, a produção de provas, para assegurar o contraditório e a ampla defesa, com os meios e recursos a ela inerentes (art. 5º, LV, da CF).

Na audiência, que é de instrução e julgamento, procede-se ao interrogatório do réu, ouvindo-se o perito e as testemunhas.

O perito pode fazer o relatório por escrito ou verbalmente. Assim também podem fazer as duas testemunhas do corpo de delito indireto (art. 14, § 1º).

Após a inquirição das testemunhas e do perito, passa-se para os debates, tendo cada parte 15 minutos, prorrogáveis por mais 10, a critério do juiz.

Encerrado o debate, o juiz profere a sentença.

5. Crimes contra a economia popular

A Lei 1.521, de 26.12.51, foi uma das mais completas na área da economia popular, encontrando-se, porém, derrogada atualmente em vários pontos.

O art. 2º da Lei 1.521/51 descreve várias figuras penais, como a sonegação de mercadorias, a transgressão ao tabelamento de preços, a fraude em pesos e medidas etc.

O art. 3º dispõe que são também crimes dessa natureza várias outras figuras, como a destruição de matéria-prima com o fim de causar alta de preços, a gestão fraudulenta de bancos, a venda de mercadorias abaixo do custo, com o fim de impedir a concorrência, etc.

O art. 4º incrimina a usura pecuniária.

O art. 9º, que descrevia contravenções, foi expressamente revogado pelo art. 59 da Lei 6.649/79.

A pena, em todos os crimes, é de detenção e multa.

Competência. Hoje é pacífico que a competência nos crimes contra a economia popular é do juiz singular estadual, com recurso para os tribunais estaduais.[9]

9. De início, a competência para o julgamento dos crimes descritos no art. 2º da Lei 1.521/1951 era do júri de economia popular (art. 12). Nos demais crimes, a competência era do juiz singular.

Procedimento. "Desde a abolição do júri nos crimes contra a economia popular, até hoje, não se resolveu a controvérsia sobre o rito adequado ao respectivo processo" (*RT* 476/395).

Uma corrente segue o procedimento previsto no art. 10 da Lei 1.521/51, que estabelece o rito sumário dos crimes não submetidos ao julgamento pelo Júri.

Outra corrente segue o rito do art. 23 da lei especial, que é praticamente igual ao procedimento ordinário comum, com ligeiras modificações (*RT* 476/395, 483/345).

O recurso de ofício. O art. 7º da Lei 1.521/51 estabelece o recurso de ofício nos casos de absolvição ou de arquivamento do inquérito policial. Sobre a questão da permanência do recurso de ofício reportamo-nos ao exposto no cap. I, item 33.4.1.

A Lei 8.137, de 27.12.90. Esta lei, que define crimes contra a ordem tributária, econômica e contra as relações de consumo, é de consulta obrigatória em matéria de economia popular.

Estabelece ela várias figuras penais idênticas às definidas na Lei 1.521/51, como, por exemplo, a transgressão de tabela de preços ou a sonegação de mercadorias, tornando-se necessário, portanto, verificar, sempre, se esta lei derrogou ou não, implicitamente, dispositivos da Lei 1.521/51, no caso concreto.

Leis relacionadas à economia popular	
Lei 1.521, de 26.12.51	crimes contra a economia popular
Lei Delegada 4, de 26.9.62	intervenção no domínio econômico
Lei 4.591, de 16.12.64	condomínio em edificações (arts. 65 e 66)
Decreto-lei 73, de 21.11.66	seguradoras (art. 110)
Lei 6.435, de 15.7.77	previdência privada
Lei 7.492, de 16.6.86	Sistema Financeiro
Lei 8.078, de 11.9.90	Código de Defesa do Consumidor (arts. 61-80)
Lei 8.137, de 27.12.90	crimes contra a ordem tributária, econômica e contra as relações de consumo

Lei 8.245, de 18.10.91	locação (arts. 43 e 44)
Lei 8.884, de 11.6.94	Trata do Sistema Brasileiro de Defesa da Concorrência, das infrações administrativas contra a ordem econômica e do acordo de leniência (art. 87), que, nos crimes contra a ordem econômica, determina a suspensão do curso do prazo prescricional e impede o oferecimento da denúncia. O cumprimento do acordo de leniência extingue automaticamente a punibilidade.

6. Juizados Especializados de Violência Doméstica e Familiar Contra a Mulher (Lei Maria da Penha)

A Lei 11.340, de 7.8.2006, facultou a criação de Juizados Especializados de Violência Doméstica e Familiar Contra a Mulher, com competência civil e criminal. Esta lei tem sido referida como "Lei Maria da Penha" (*RT* 860/792, 860/798).

Competência. Enquanto não estruturados os Juizados, a competência caberá às Varas Criminais, com competência, também, civil e criminal.

A lei afastou expressamente a competência dos Juizados Especiais Criminais, da Lei 9.099/95, independentemente da pena prevista. Proibiu também a aplicação de penas de cesta básica ou outra de prestação pecuniária, bem como a substituição da pena que implique o pagamento isolado de multa (art. 17).

A violência contra a mulher, no sentido do texto, compreende-se de forma ampla, abrangendo morte, lesão, condutas que causem sofrimento físico, sexual ou psicológico, dano patrimonial e dano moral. No caso de morte dolosa, ao contrário do disposto no texto, não pode ser afastada a competência constitucional do Júri (CF, art. 5º, XXXVIII).

Sujeito ativo. Sujeito ativo da violência contra a mulher pode ser qualquer pessoa, homem ou mulher (independentemente de orientações sexuais).

Configuração da violência. A violência deve ocorrer dentro de uma das 3 circunstâncias apontadas pela lei.

A primeira circunstância é a de convivência em moradia comum entre o sujeito ativo e o sujeito passivo do fato (*violência doméstica*), não importando, porém, onde ocorra a violência, se no lar ou na rua. A disposição abrange conviventes com ou sem vínculo familiar, inclusive os esporadicamente agregados (art. 5º, I).

A segunda circunstância refere-se a laços de parentesco (*violência familiar*) entre a mulher e o agressor ou agressora; parentesco, esse, que pode ser civil, natural ou por afinidade (art. 5º, II).

A terceira circunstância (que poderia ser chamada de *para-doméstica*) refere-se à existência atual ou anterior de um relacionamento afetivo duradouro entre a mulher e o agressor, independentemente de coabitação (art. 5º, III).

Procedimento. O procedimento judicial segue o disposto nos Códigos de Processo Penal e de Processo Civil, com as alterações e acréscimos da lei específica (art. 13).

A lei prevê uma série de medidas liminares de proteção à ofendida, como o seu afastamento do lar, separação de corpos etc. (art. 23). E outras referentes ao agressor, como proibição de aproximação da ofendida, proibição de frequentar determinados lugares etc. (art. 22).

Representação, desnecessidade. O STF entendeu que a exigência de representação nas lesões corporais leves (art. 129, *caput*, do CP), cometidas em contexto de violência doméstica, esvaziava a proteção constitucional assegurada às mulheres (ADI 4.424). Assim, passou-se a considerar que é pública incondicionada a ação penal nos crimes de lesão corporal leve cometidos em detrimento da mulher, no âmbito doméstico e familiar. O mesmo se aplica à contravenção de "vias de fato" cometida no ambiente domiciliar.

Jurisprudência

Esposa que agride marido. Não se aplica a Lei Maria da Penha no caso de vítima do sexo masculino (*RT* 881/684).

Agressão de namorado contra namorada. Cabe também a aplicação da Lei Maria da Penha (STJ, *RT* 875/580, 882/558).

Violência doméstica praticada em relação homoafetiva. Aplicabilidade da Lei Maria da Penha (*RT* 910/1.078; contra: *RT* 907/996).

Capítulo IV

O JUIZADO ESPECIAL CRIMINAL

1. Competência. 2. Do juiz, dos conciliadores e dos juízes leigos. 3. Procedimento: 3.1 Fase policial – 3.2 Fase preliminar ou conciliatória – 3.3 Fase do procedimento sumaríssimo – 3.4 A audiência de instrução e julgamento – 3.5 Recursos: 3.5.1 Apelação – 3.5.2 Embargos de declaração. 4. Execução cível de sentença penal. 5. Prisão em flagrante e fiança. 6. Simplificação das fórmulas. 7. Princípio da oportunidade. 8. Lesões corporais leves e lesões culposas. 9. Iniciativa das propostas de pena alternativa e de suspensão condicional do processo. 10. Juizado Especial Federal.

1. Competência

O Juizado Especial Criminal destina-se à conciliação, ao julgamento e à execução das infrações penais de menor potencial ofensivo.

Consideram-se *infrações penais de menor potencial ofensivo* as contravenções penais e os crimes a que a lei comine pena máxima não superior a 2 anos, cumulada ou não com multa (art. 61 da L 9.099/95). Na Justiça Federal a matéria regula-se de modo idêntico pela Lei 10.259/2001.

Assim, consideram-se infrações penais de menor potencial ofensivo, tanto na área federal como na estadual, as seguintes matérias:

a) crimes com pena máxima até 2 anos (inclusive os de procedimento especial, pois a lei não faz distinções);

b) contravenções penais (somente na área estadual, pois a Justiça Federal não julga contravenções – art. 109, IV, da CF);

c) crimes apenados somente com multa (a rigor tais infrações são contravenções – art. 1º da Lei de Introdução ao Código Penal – embora na legislação se encontrem crimes apenados só com multa, a exemplo do art. 20 da L 9.434/97).

No cálculo do montante da pena entram as qualificadoras e as causas de aumento de pena. Não entram as agravantes genéricas. Na doutrina, tem-se excluído a soma derivada do concurso de delitos. Um acórdão do STF, porém, neste caso, decidiu pela soma das penas em abstrato (*RT* 800/535).

A *competência* dos Juizados Especiais é fixada pela *matéria* e pelo *território*. Em razão da *matéria* (infrações de menor potencial ofensivo) a competência é absoluta, sendo nulo o julgamento dos fatos nos moldes da Justiça Comum, salvo nos casos previstos na lei (hipóteses de maior complexidade, acusado citado por edital etc.). A *competência territorial* determina-se pelo lugar em que foi praticada a infração penal (L 9.099/95, art. 63). O conceito abrange tanto o local da conduta como o da consumação. Há opiniões em contrário, fixando a competência somente em um ou outro desses locais. Mas, de qualquer forma, competência territorial é competência relativa, não acarretando, portanto, nulidade.

Na reunião de processos perante o juízo comum ou o Tribunal do Júri, por conexão ou continência, continuam a ser aplicadas a transação e a composição dos danos civis pertinentes às infrações de menor potencial ofensivo (art. 60, § ún., da L 9.099/95; art. 2º, § ún., da L 10.259/2001).

As disposições referentes aos Juizados Especiais não se aplicam no âmbito da Justiça Militar (art. 90-A da L 9.099/95).

Também não se aplicam nos casos de violência doméstica contra a mulher (L 11.340/2006, art. 41).

2. Do juiz, dos conciliadores e dos juízes leigos

Figuram no Juizado Especial Criminal o juiz de direito (ou juiz togado), os conciliadores, os juízes leigos e a Secretaria.

A tarefa dos *conciliadores* é a de auxiliar o juiz na obtenção de um consenso entre o autor do fato e o ofendido quanto à indenização dos danos, bem como sobre a proposta de pena formulada pelo representante do Ministério Público.

Quanto aos *juízes leigos*, a lei federal não definiu suas qualificações e funções, deixando a regulamentação da matéria para as leis locais de organização judiciária.

3. Procedimento

O Juizado Especial Criminal não revoga os procedimentos comuns, do CPP, vez que estes são aplicados quando ausente o autor do fato, quando não obtida a sua citação pessoal e quando a complexidade ou as circunstâncias do caso indicarem a conveniência da remessa para o juízo comum.

O procedimento do Juizado Criminal divide-se em três fases: a fase policial, a fase preliminar ou conciliatória e a fase do procedimento sumaríssimo.

3.1 Fase policial

A fase policial é mínima. Não há inquérito.[1] A autoridade policial lavra apenas um termo circunstanciado, requisita as perícias necessárias e encaminha imediatamente ao Juizado o autor do fato e a vítima, juntamente com o referido termo, com o agendamento, na prática, das apresentações, se necessário.

3.2 Fase preliminar ou conciliatória

No Juizado, se vierem juntos o autor do fato e a vítima, realiza-se imediatamente a audiência preliminar, ou se designa data próxima para tanto, cientes as partes.[2] Não comparecendo uma das partes, intima-se a mesma. Intima-se também o responsável civil, se for o caso, ou seja, a pessoa que deverá responder pela reparação dos danos. A fase preliminar tem como pressuposto que o autor do fato esteja presente, participando da audiência.

Aberta a audiência preliminar, o juiz propõe o acordo entre as partes para a composição dos danos, se houver. Indagará também, conforme a hipótese, se o autor do fato aceita a proposta do Ministério Público de aplicação imediata de pena não privativa de liberdade (restrição de direitos ou multa).

A proposta de pena tem sido admitida na ação penal privada.[3]

O representante do Ministério Público pode formular proposta de pena não privativa de liberdade, desde que não ocorram os impedimentos do art. 76, § 2º: condenação anterior, por crime, com sentença definitiva; benefício idêntico há menos de 5 anos; contraindicação da medida, em razão de an-

---

1. Como não cabe inquérito, não cabe também indiciamento (TACrim, 13ª Câm., CP 1406297/5-Araraquara, SP, rel. Juiz Lopes da Silva, j. 16.12.2002, v.u., *Boletim AASP* 2.388).

2. Em caso de violência doméstica, o juiz poderá determinar, como medida cautelar, o afastamento do autor do fato do lar, domicílio ou local de convivência com a vítima (art. 69, § ún.). V. tb. L 11.340/2006, art. 22, II.

3. *RT* 747/763, 793/618, 815/603; *RJTACrimSP* 34/257, 33/161. V. tb. art. 291, § ún., do Código de Trânsito Brasileiro.

tecedentes, conduta, personalidade do agente, motivos e circunstâncias da infração.

Na hipótese de ser a pena de multa a única aplicável, pode o juiz reduzi-la até a metade (art. 76, § 1º).

A composição dos danos, se houver, é reduzida a escrito e homologada, valendo como título executivo.

O acordo homologado, sobre a indenização civil devida, acarreta a renúncia tácita ao direito de queixa ou representação, por parte da vítima, se se tratar de ação penal privada ou de ação pública dependente de representação.

Quanto à proposta de pena, formulada pelo Ministério Público, estando a mesma em termos e sendo aceita pelo autor do fato, cabe ao juiz aplicá-la por sentença, se entender estar a mesma de acordo com a lei.[4] A pena assim aplicada não importará reincidência, impedindo, porém, benefício idêntico no prazo de 5 anos.[5]

A proposta de pena deve ser aprovada tanto pelo autor do fato como pelo seu defensor. Na divergência, prevalece a vontade do autor do fato (art. 76, § 4º). Não havendo indício de infração penal, promoverá o Ministério Público o arquivamento das peças.[6]

3.3 Fase do procedimento sumaríssimo

Se não houve arquivamento nem sentença na fase preliminar, passa-se, sem interrupção, para a etapa seguinte, do procedimento sumaríssimo.

O representante do Ministério Público oferecerá denúncia oral,[7] de imediato, com base no termo circunstanciado, se não houver necessidade

---

4. No caso de descumprimento da pena acordada, a homologação perde a sua eficácia, podendo ser iniciada a ação penal (*RT* 752/624, 749/690; IV ECOJEC, Enunciados 14 e 21). Contra, uma vez que a sentença homologatória da transação penal faz coisa julgada formal e material: *RT* 754/657, 759/647, 765/626. Há acórdãos do STJ entendendo cabível a conversão da pena alternativa em restritiva de liberdade (STJ, RHC 8.198-GO, rel. Min. Fernando Gonçalves, *DJU* 1.7.99, p. 211).

5. **Descumprimento da transação.** "A homologação da transação penal prevista no artigo 76 da Lei 9.099/1995 não faz coisa julgada material e, descumpridas suas cláusulas, retoma-se o *status quo ante*, possibilitando-se ao Ministério Público a continuidade da persecução penal mediante oferecimento de denúncia ou requisição de inquérito policial" (**STF, Súmula Vinculante 35**).

6. Cabe correição parcial se o juiz arquivar as peças sem ouvir o Ministério Público (*RT* 751/669; *RJTACrimSP* 35/463).

7. A queixa também é oferecida oralmente. Mas, se a questão for complexa, pode o juiz remeter ao juízo comum as peças referentes à ação penal privada (art. 77, § 3º). Oferecida a queixa oral, deve o MP manifestar-se, como fiscal do princípio da indivisibilidade da ação penal.

de diligências. Havendo necessidade de diligência, deverá ser marcada outra data para prosseguimento. Dispensa-se o inquérito policial.

Na denúncia, a materialidade do crime, sendo o caso, pode ser aferida por boletim médico ou equivalente. Antes da sentença, porém, deve vir para os autos o competente laudo de exame de corpo de delito.

Se a questão for complexa, pode o Ministério Público deixar de oferecer denúncia e requerer a remessa ao juízo comum. Embora a lei se refira a *requerimento* do Ministério Público para a remessa ao juízo comum, na realidade, não será possível o indeferimento. Porque, de uma forma ou de outra, tanto no Juizado Especial como na remessa ao juízo comum, estará o Ministério Público promovendo a ação, e a ele compete, privativamente, a promoção da ação penal pública (art. 129, I, da CF).

O Ministério Público, ao oferecer a denúncia, pode propor a *suspensão condicional do processo*, por 2 a 4 anos, nos termos e condições do art. 89, semelhantes às condições do *sursis* previsto no CP. Trata-se de um "*sursis* processual", que, ao invés de mera suspensão da pena, suspende logo todo o processo, a partir do recebimento da denúncia, o que é muito mais prático.[8]

A suspensão condicional do processo não se limita às infrações de alçada do Juizado Especial (pena máxima até 2 anos). Vai mais além, alcançando todas as infrações penais com pena mínima até 1 ano (art. 89).

Aplica-se a suspensão nos crimes e nas contravenções, embora a lei a elas não se refira, pois não teria sentido dar a suspensão naqueles e não nestas, que são menos graves. E se aplica a suspensão condicional também nas infrações previstas em leis especiais.[9] A suspensão condicional do processo e a transação penal não se aplicam na hipótese de delitos sujeitos ao rito da Lei Maria da Penha (Súmula 536 do STJ).

A proposta deve ser aceita pelo acusado e seu defensor. Na divergência, prevalece a vontade do acusado (art. 89, § 7º).

Estando em termos a proposta de suspensão e sendo aceita pelo acusado, poderá o juiz, recebendo de imediato a denúncia, determinar a suspensão condicional do processo, sob as condições da lei.

8. "Reunidos os pressupostos legais permissivos da suspensão condicional do processo, mas se recusando o promotor de justiça a propô-la, o juiz, dissentindo, remeterá a questão ao Procurador-Geral, aplicando-se por analogia o art. 28 do Código de Processo Penal" (Súmula 696 do STF).
9. Havendo causas especiais de diminuição de pena, como na tentativa, deve-se aplicar a redução maior, considerando-se como pena mínima a resultante da redução máxima (*RJTACrimSP* 34/240, 35/45; *RT* 750/711).

Expirado o prazo da suspensão, sem revogação, fica extinta a punibilidade. Se a suspensão for revogada, volta-se ao processo, a partir do ponto em que estava antes da suspensão.

A aceitação da suspensão condicional, por parte do acusado, não implica reconhecimento ou atribuição de culpa ou confissão. Continua ele gozando da presunção de inocência (art. 5º, LVII, da CF), e, em caso de revogação do benefício e prosseguimento do processo, poderá ele, até, vir a ser absolvido.

Não corre prescrição durante a suspensão do processo (art. 89, § 6º).

Se não houver proposta de suspensão do processo ou não sendo ela aceita, a denúncia só será recebida mais adiante, na audiência de instrução e julgamento.

A denúncia ou queixa é reduzida a termo, com entrega de cópia ao acusado, se estiver presente. Recebendo a cópia, fica o acusado automaticamente citado e intimado da audiência de instrução e julgamento, designada no ato pelo juiz.

Se o acusado não estiver presente, será citado por mandado. E, se ele não for encontrado para ser citado pessoalmente, as peças serão remetidas ao juízo comum, pois um dos pressupostos deste procedimento especial é a citação pessoal do réu. Não há citação por edital.

3.4 A audiência de instrução e julgamento

No dia designado, antes de abrir a audiência, repete-se a fase preliminar, se nesta não houve oportunidade para a tentativa de acordo a respeito dos danos civis e da proposta de pena.[10]

Aberta a audiência, seguem-se os atos na seguinte ordem: palavra ao defensor, para responder à acusação; recebimento ou não da denúncia ou queixa; ouvida da vítima; testemunhas de acusação; testemunhas de defesa; interrogatório; debates orais; sentença.

Como a lei é omissa sobre o tempo dos debates no JECRIM, deve-se aplicar a regra do processo sumário, 20 minutos prorrogáveis por mais 10, para cada parte (art. 534, § 2º, do CPP). Havendo mais de um acusado, o tempo da defesa é contado individualmente (art. 534 e §§ do CPP).

---

10. A transação sobre a pena, nesta altura, com denúncia já formulada, constitui exceção à irretratabilidade da ação penal pública (art. 42 do CPP), e a transação sobre os danos, se for o caso, constitui exceção à irretratabilidade da representação (art. 25 do CPP).

O acusado deve trazer as suas testemunhas à audiência, ou requerer a sua intimação, com antecedência mínima de 5 dias.

A lei não estabelece o número de testemunhas. Na omissão, deve prevalecer o disposto no procedimento sumário, até 5 testemunhas.

Embora a lei não o exija, é intuitivo que o juiz da sentença deverá ser o mesmo da instrução (*princípio da identidade física do juiz*), diante da preponderância da oralidade e da sistemática abreviada deste procedimento. Caso contrário corre-se o risco de passar de uma justiça sumária para uma justiça temerária.

3.5 Recursos

No Juizado Criminal, basicamente, só há 2 recursos: apelação e embargos de declaração.[11]

3.5.1 Apelação

Cabe apelação da sentença, bem como da rejeição da denúncia ou queixa, sempre no prazo de 10 dias.

Nota-se, aí, diferença entre o Juizado Cível e o Juizado Criminal.

No Juizado Cível a lei é taxativa, estabelecendo recurso inominado *para o próprio Juizado*, que *será* julgado por 3 juízes togados, de 1ª instância (art. 41). No Juizado Criminal, porém, diz a lei que a apelação *poderá* ser julgada por 3 juízes togados, de 1ª instância (art. 82).

A organização judiciária local, de cada Estado, fica, portanto, livre para dispor da forma que achar melhor, podendo, por exemplo, atribuir o julgamento da apelação criminal ao Tribunal de Justiça, não sendo obrigatório o julgamento pelo próprio Juizado ou por 3 juízes de 1ª instância.[12]

3.5.2 Embargos de declaração

Cabem embargos de declaração, por escrito ou oralmente, no prazo de 5 dias contados da ciência da decisão, se houver ambiguidade, obscuridade,

---

11. Mas os demais recursos existentes, do CPP e de leis especiais, serão, certamente, aplicáveis, quando necessários, no que não forem incompatíveis com a L 9.099/95. São aplicáveis também o *habeas corpus*, o mandado de segurança e a correição parcial.

12. "Compete originariamente ao Supremo Tribunal Federal o julgamento de *habeas corpus* contra decisão de Turma Recursal de Juizados Especiais Criminais" (Súmula 690 do STF).

contradição ou omissão. Os embargos de declaração interrompem o prazo para interposição de outro recurso, desde que não sejam intempestivos.[13]

4. Execução cível de sentença penal

Em princípio, a aceitação da pena proposta pelo Ministério Público não tem efeitos civis (art. 76, § 6º). Ao contrário do que ocorre na Justiça Comum, onde a sentença criminal condenatória constitui título executivo indenizatório no Cível (art. 63 do CPP).

Contudo, se o autor da infração concordou também com a reparação de danos, no Juizado Especial Criminal, deverá a respectiva sentença ter os efeitos civis correspondentes.

5. Prisão em flagrante e fiança

Não se imporá prisão em flagrante, nem se exigirá fiança, se o autor do fato for imediatamente encaminhado ao Juizado ou assumir o compromisso de a ele comparecer (art. 69, § ún.).

6. Simplificação das fórmulas

No Juizado serão objeto de registro escrito apenas atos essenciais. Na audiência pode ser utilizado gravador, ou equivalente. Dispensa-se o inquérito policial. Na denúncia (embora não por ocasião da sentença) o exame de corpo de delito pode ser substituído por boletim médico ou equivalente. Citação no próprio Juizado, através da entrega de cópia da denúncia, sempre que possível. Não há citação por edital. Intimações pelo correio, em princípio. A sentença não tem relatório. Recursos, basicamente, só embargos de declaração e apelação. A súmula do julgamento servirá de acórdão, se a sentença for confirmada pelos próprios fundamentos.

7. Princípio da oportunidade

O processo penal comum orienta-se pelo princípio da obrigatoriedade ou da indisponibilidade da ação penal pública. A Lei 9.099/95, ao contrário, adotou o *princípio da oportunidade*, ou da conveniência, para o início ou o prosseguimento da ação penal, especialmente na proposta de pena consen-

---

13. STJ, AgRg nos EDcl no RHC 38.780-ES.

sual, na suspensão do processo e na atribuição de efeitos processuais penais à composição dos danos. Trata-se, contudo, de oportunidade limitada ou regrada, vinculada aos contornos dados pela lei.

Neste ponto, como em outros, a Lei 9.099/95 representa verdadeira revolução nos domínios do processo penal.

8. Lesões corporais leves e lesões culposas

A ação penal nos crimes em epígrafe passou a depender de representação.[14]

Nos crimes anteriores à lei exigia-se a intimação do ofendido, que tinha o prazo de 30 dias para representar, sob pena de decadência (art. 91).[15] Para os crimes posteriores à lei não há intimação especial. O prazo de decadência é o comum ou geral, de 6 meses (*RT* 726/514, 744/606; *RJTACrimSP* 33/438).

9. Iniciativa das propostas de pena alternativa e de suspensão condicional do processo

De acordo com o texto legal, a iniciativa das propostas cabe ao Ministério Público. Há divergência, porém, na doutrina e na jurisprudência.

Uma corrente entende que o oferecimento das propostas constitui ato discricionário do MP, de mérito administrativo, em que há certa margem pessoal na escolha da conveniência e da oportunidade do ato. Na omissão ou recusa do MP caberia a aplicação do art. 28 do CPP, por analogia, com a remessa das peças ao Procurador-Geral de Justiça.

Outra corrente entende que a pena alternativa e a suspensão do processo constituem direito subjetivo do acusado, uma vez preenchidos os requisitos legais. Na omissão ou recusa do MP, então, caberia ao juiz fazer a proposta e conceder o benefício, a requerimento da defesa, ou mesmo de ofício. Para alguns julgados o juiz não poderia conceder o benefício se o MP fundamentou a recusa.

14. Por analogia a contravenção de vias de fato também depende de representação (*RT* 746/617, 767/607, 790/621; *RJTACrimSP* 33/440, 35/251). Contra: *RT* 761/634, 783/640; *RJTACrimSP* 30/228, 34/233.
15. Há decisão no sentido de que o ofendido deve também ser intimado para representar quando o Ministério Público ofereceu denúncia por crime de lesão corporal dolosa, vindo porém o fato a ser desclassificado para infração culposa. Aplicação analógica do art. 91 da L 9.099/95 (*RT* 807/620).

Tem sido frequente a impetração de *habeas corpus* para sanar a falta de proposta, pelo MP ou pelo juiz.[16]

10. Juizado Especial Federal

Os Juizados Especiais Federais foram instituídos pela Lei 10.259, de 12.7.2001. Quanto ao procedimento, continua em vigor o disposto na Lei 9.099/95.

A Justiça Federal não julga contravenções (art. 109, IV, da CF).

16. Um acórdão do STF estabeleceu que deve ser aplicado o art. 28 do CPP, por analogia, se o MP se omitir ou recusar a formular a proposta, uma vez que se trata de ato de natureza consensual (HC 75.343-4-MG, j. 12.11.97, rel. Min. Sepúlveda Pertence).

Sentença dada em transação penal. Qual seria a sua natureza jurídica? Há enorme controvérsia, com várias correntes: 1) é sentença homologatória; 2) é declaratória; 3) é declaratória constitutiva; 4) é condenatória; 5) é condenatória imprópria, uma vez que não produz todos os efeitos de uma sentença condenatória; 6) é instrumento de controle jurisdicional; 7) é sentença aplicadora de pena.

E a natureza da sentença que deixa de homologar a transação acordada? É: 1) decisão administrativa; 2) sentença; 3) decisão interlocutória; 4) decisão *sui generis*.

Cf. excelente estudo de Humberto Dalla Bernardina de Pinho, in *RT* 773/484.

Para Rogério Pacheco Alves a sentença, na transação, é ato administrativo, e não jurisdicional, uma vez que se trataria de *jurisdição voluntária* (graciosa ou administrativa), com imposição de sanção administrativa (multa ou restrição de direitos), e não de sanção penal (*RT* 775/471).

O JUIZADO ESPECIAL CRIMINAL 149

JUIZADO ESPECIAL CRIMINAL – AÇÃO PENAL PÚBLICA

Capítulo V

O PROCESSO ELETRÔNICO

Lei 11.419, de 19.12.2006

A Lei 11.419, de 19.12.2006, permitiu a adoção da informatização nos processos civis, penais e trabalhistas, bem como nos juizados especiais, em qualquer grau de jurisdição, na tramitação do processo, na comunicação de atos, na transmissão de peças processuais, no envio de petições, nos recursos, no protocolo eletrônico.

As citações, intimações e notificações, inclusive da Fazenda Pública (exceto citações na área criminal), serão feitas por meio eletrônico, em portal próprio aos credenciados ou cadastrados (arts. 2º, 5º, 6º e 9º).

A petição eletrônica será tempestiva se transmitida até as 24h do último dia do prazo. Como data da publicação será considerado o primeiro dia útil seguinte. Os prazos iniciam-se no primeiro dia útil seguinte ao considerado como data da publicação (arts. 3º, § ún., e 4º, §§ 3º e 4º).

Documentos podem ser juntados por via eletrônica, sendo considerados originais para todos os efeitos. Os originais não eletrônicos devem ser preservados até o trânsito em julgado da sentença, ou, quando admitida, até o final do prazo para interposição de ação rescisória. Peças volumosas podem ser depositadas no Cartório ou na Secretaria (art. 11, §§ 3º e 5º).

Os livros cartorários também serão eletrônicos (art. 16). Não há autos suplementares (art. 12).

A tramitação do processo eletrônico é idêntica à dos processos físicos (art. 12, § 4º).

BIBLIOGRAFIA

Ada Pellegrini Grinover, Antônio Scarance Fernandes e Antônio Magalhães Gomes Filho. *As Nulidades no Processo Penal*. 5ª ed. São Paulo, Malheiros Editores, 1996.

Ada Pellegrini Grinover, Antônio Magalhães Gomes Filho, Antônio Scarance Fernandes e Luiz Flávio Gomes. *Juizados Especiais Criminais*. São Paulo, Ed. RT, 2002.

Alberto Silva Franco e Rui Stoco. *Código de Processo Penal e sua Interpretação Jurisprudencial*. São Paulo, Ed. RT, 2009.

Andrey Borges de Mendonça. *Nova Reforma do Código de Processo Penal*. São Paulo, Ed. Método, 2009.

Cyrilo Luciano Gomes Júnior. "Confisco de instrumentos e produtos de contravenções". *RT* 703/408.

Damásio de Jesus. *Código de Processo Penal Anotado*. São Paulo, Saraiva, 2009.

Djalma Eutímio de Carvalho. *Curso de Processo Penal*. Rio de Janeiro, Forense, 2007.

E. Magalhães Noronha. *Curso de Direito Processual Penal*. 21ª ed., atualizada por Adalberto José Q. T. de Camargo Aranha. São Paulo, Saraiva, 1992.

Édis Milaré. *Curadoria do Meio Ambiente*. São Paulo, APMP, 1988; *Legislação Ambiental Básica*. São Paulo, APMP, 1990; *Legislação Ambiental do Brasil*. São Paulo, APMP, 1991.

Elmir Duclerc. *Direito Processual Penal*. Rio de Janeiro, Lumen Juris, 2008.

Evaristo Toledo. *Curso de Processo Penal*. São Paulo, Universitária de Direito, 1992.

Fernando da Costa Tourinho Filho. *Prática de Processo Penal*. São Paulo, Saraiva, 2009.

Fernando da Costa Tourinho Neto e Joel Dias Figueira Júnior. *Juizados Especiais Federais Cíveis e Criminais*. São Paulo, Ed. RT, 2002.

Geraldo Prado e Luis Gustavo Grandinetti Castanho de Carvalho. *Lei dos Juizados Especiais Criminais*. Rio de Janeiro, Lumen Juris, 2003.

Guilherme de Souza Nucci. *Manual de Processo Penal e Execução Penal*. São Paulo, Ed. RT, 2008; *Tribunal do Júri*. São Paulo, Ed. RT, 2008.

Hermínio Alberto Marques Porto. *Júri*. 9ª ed. São Paulo, Malheiros Editores, 1998.

Humberto Dalla Bernardina de Pinho. "A natureza jurídica da decisão proferida em sede de transação penal". *RT* 773/484.

Joel Dias Figueira Júnior e Maurício Antônio Ribeiro Lopes. *Comentários à Lei dos Juizados Especiais Cíveis e Criminais*. São Paulo, Ed. RT, 1995.

José Carlos G. Xavier de Aquino e José Renato Nalini. *Manual de Processo Penal*. São Paulo, Ed. RT, 2005.

José Emmanuel Burle Filho e Maurício Augusto Gomes. *Ministério Público, as Funções do Estado e seu Posicionamento Constitucional*. Tese aprovada por unanimidade no VIII Congresso Nacional do Ministério Público (cidade de Natal, 1990).

Júlio Fabbrini Mirabete. *Processo Penal*. São Paulo, Atlas, 1991; *Juizados Especiais Criminais*. São Paulo, Atlas, 2002.

Luiz Antônio Orlando e Cyrdemia da Gama Botto. *Das Nulidades no Processo Penal*. São Paulo, APMP, 1992.

Luiz Flávio Gomes. *Suspensão Condicional do Processo Penal*. São Paulo, Ed. RT, 1995; *Juizados Criminais Federais, seus Reflexos nos Juizados Estaduais e Outros Estudos*. São Paulo, Ed. RT, 2002.

Marcelo da Fonseca Guerreiro. *Juizados Especiais Criminais Federais*. Rio de Janeiro, Ed. e Livraria Jurídica, 2003.

Maximiliano Roberto Ernesto Führer. *A Reforma do Código de Processo Penal*. São Paulo, Malheiros Editores, 2008.

Norberto Avena. *Processo Penal Esquematizado*. São Paulo, Ed. Método, 2009.

Patrícia dos Santos André. "Prisão temporária: medida cautelar para crimes leves?". *RT* 691/396.

Paulo Affonso Leme Machado. "Florestas de preservação permanente e o Código Florestal brasileiro". *RT* 535/19.

Paulo Rangel. *Direito Processual Penal*. Rio de Janeiro, Lumen Juris, 2009.

Paulo Sérgio Leite Fernandes. *Nulidades no Processo Penal*. 5ª ed. São Paulo, Malheiros Editores, 2002.

Pedro Henrique Demercian e Jorge Assaf Maluly. *Juizados Especiais Criminais*. Rio de Janeiro, Aide, 1996; *Curso de Processo Penal*. Rio de Janeiro, Forense, 2009.

Rogério Pacheco Alves. "A transação penal como ato da denominada jurisdição voluntária". *RT* 775/471.

Rômulo de Andrade Moreira. *Direito Processual Penal*. Rio de Janeiro, Forense, 2003.

Valdir Sznick. *Liberdade, Prisão Cautelar e Temporária*. São Paulo, Universitária de Direito, 1994.

Vicente Greco Filho. *Manual de Processo Penal*. São Paulo, Saraiva, 1991; *Tóxicos*. São Paulo, Saraiva, 1993.

Vladimir Passos de Freitas e Carlos Eduardo Terçarolli. "Contravenção florestal, à caça e à pesca". *RT* 520/340.

Vladimir Passos de Freitas e Gilberto Passos de Freitas. *Crimes contra a Natureza*. São Paulo, Ed. RT, 1992.

Walfredo Cunha Campos. *O Novo Júri Brasileiro*. São Paulo, Ed. Primeira Edição, 2008.

Walter Fanganiello Maierovitch. "Prisão temporária". *RT* 680/325.

ÍNDICE ALFABÉTICO-REMISSIVO

A
Absolvição sumária, 111
Abuso de autoridade, 132
Ação civil, 24
Ação controlada, 44
Ação penal, 22
Ação penal no Juizado Especial Criminal, 139
Acareação, 39
Agravos, 90
Algemas, uso de, 114
Apartes, 113, 115
Apelação, 84-88
Arquivamento de inquérito, 21
Assistentes, 47
Audiência de Custódia, 54
Audiência de instrução e julgamento no Juizado Especial Criminal, 144
Auto de prisão em flagrante, 53
Autoridade policial, suspeição de, 21, 45

B
Busca e apreensão, 42, 124

C
Calúnia, crime de, 118
Carta testemunhável, 94
Citação, 66
Coisa julgada, 31
Coisas apreendidas, 32
Competência, 24
  conflito de, 29
  critérios gerais de competência, 25
  competência em razão do território ("ratione loci"), 25
  competência em razão da matéria ("ratione materiæ"), 25
  competência em razão da pessoa ("ratione personæ"), 27
  competência funcional, 27
  critérios suplementares de competência, 27
  competência por conexão, 27
  competência por continência, 28
  competência por prevenção, 28
  exceção de incompetência, 28
  Juizado Especial Criminal, 139
  nas contravenções, 129
Conciliadores, 140
Conexão, 27
Confisco, 32
Confissão, 36
Continência, 28
Contrariedade ao libelo, 115
Contravenções penais
  competência, 130
  jogo do bicho, 130
  procedimento, 130
Corpo de delito, 35
Correição parcial, 101
Crimes
  contra a economia popular, 135
  contra a honra, 118
  contra a propriedade imaterial, 123
  de abuso de autoridade, 132
  de responsabilidade dos funcionários públicos, 118
  de responsabilidade dos prefeitos, 129
  militares, 26
  referentes a drogas, 126
Crimes societários – Denúncia, 22 (nota)
Curador, 33

D
De ofício, recurso, 79, 136
Decadência, 23
Delito, reclassificação do, 70
Denúncia, 22, 142-143
Desaforamento, 114
Deserção, 82
Difamação, 118

Documentos, 40
Drogas, 126

E

Economia popular, crimes contra a, 135
Em sentido estrito, recurso, 82
Embargos de declaração, 88, 145
Embargos infringentes, 89
"Emendatio libelli", 70
Entorpecentes, 126
Escuta telefônica, 34
Exame de sanidade mental, 33
Exceção da verdade
　nos crimes contra a honra, 120
Exceções, 31
Explicações, pedido de
　nos crimes contra a honra, 119

F

"Fax", 104 (nota)
Fiança, 64, 147
Flagrante, 50
Fruto da árvore envenenada, 36 (nota)
Funcionários públicos, 118

G

Gravações fonográficas, 34

H

"Habeas corpus", 96
Honra, crimes contra a, 118

I

Identificação criminal, 20
Ilegitimidade de parte, 31
Impedimentos, 45
Impronúncia, 111
Indícios, 40
Indivisibilidade, princípio da, 23
Informatização do processo, 150
Injúria, 119
Inquérito policial, 19
Insanidade mental, 33
Interceptação telefônica, 34
Interpretação, 15
Interrogatório, 36
Intimação, 67

J

Jogo do bicho, 130
Juiz, 45

Juizado Especial Criminal, 139
Juizado Especial Federal, 148
Juizados Especializados de Violência
　Contra a Mulher, 137
Juízes leigos
　vide: Juizado Especial Criminal
Júri, 85, 86, 109
　Observações especiais sobre o procedimento do Júri (arts. 406 a 497), 114
　apartes, 115
　debates – restrição, 115
　desaforamento, 114, 115
　instrução preliminar, 110, 115
　interrogatório do réu, 115
　jurados, 114
　libelo crime acusatório, 115
　presença do réu, 115
　protesto por novo Júri, 115
　tempo dos debates em plenário, 115
Justa causa, 21

L

Lei Maria da Penha, 137
Leis processuais brasileiras, 14
Liberdade provisória, 56, 64
Litispendência, 31

M

Mandado de prisão, 49
Mandado de segurança, 100
Maria da Penha, Lei, 137
Medidas assecuratórias, 32
Medidas cautelares alternativas, 60
Ministério Público, 46
Mulher, violência contra a, 137
"Mutatio libelli", 70

N

Nota de culpa, 53
Nulidades, 71

O

Organizações criminosas, 42
　ação controlada, 44
　acesso a informações sigilosas, 45
　colaboração premiada, 43
　infiltração de agentes, 44

P

Parte,ilegitimidade de, 31
Pedido de explicações

ÍNDICE ALFABÉTICO-REMISSIVO

nos crimes contra a honra, 119
Perseguição, para efetuar prisão, 49
Prazos, 16
Preclusão, 18
Prefeitos, responsabilidade dos, 129
Prejudiciais, questões, 30
Prerrogativa de foro, 129
Presunções, 41
Princípio da indivisibilidade, 23
Princípio da oportunidade
  vide: Juizado Especial Criminal
Princípios do processo penal, 15
Prisão
  administrativa, 58
  advogado, 57
  em flagrante, 50, 146
  especial, 50
  perseguição para, 49
  preventiva, 55
  preventiva domiciliar, 57
  provisória, 48
  temporária, 58
Procedimento(s)
  definição, 14, 102
  especiais, 102
  ordinário, 103-104
  sumário, 105
  sumaríssimo, 105, 142
Procedimento penal, 108
  audiência, 108
  citação com hora certa, 108
  identidade física do juiz, 108
  peritos, 109
  prisão do acusado, 109
  prisão para apelar, 109
  reparação do dano, 109
Processo
  definição, 14, 102
  suspensão condicional do, 107, 149
  suspensão decorrente de citação edital, 66, 103
Processo eletrônico, 150
Pronúncia, 111
  – Leitura em plenário, 112 (nota)
Proteção de testemunhas, vítimas e réus colaboradores, 39, 43
Provas, 33

Q

Queixa, 23

Questões prejudiciais, 30

R

Reclassificação do delito, 70
Reconhecimento, 39
Recurso(s), 76
  agravos, 90
  apelação, 84, 145
  carta testemunhável, 94
  correição parcial, 101
  de ofício, 79, 136
  em sentido estrito, 82
  embargos de declaração, 88, 145
  embargos infringentes, 89
  especial, 93
  extraordinário, 92
  "habeas corpus", 96
  ordinário constitucional, 99
  revisão, 91
Recusa injustificada, 110
Restituição de coisas, 32
Retratação
  nos crimes contra a honra, 119
Revelia, 68
Revisão criminal, 91

S

Sala especial, 116
Sanidade mental, 33
Sentença, 68
Sistemas processuais, 15
Suspeição, 45
  de autoridade policial, 21, 46
Suspensão condicional do processo, 107, 144
Suspensão do processo, decorrente de citação edital, 66, 103

T

Testemunhas, 37
  proteção de, 39 (nota)
Tóxicos (Drogas), 126
Transação – Descumprimento, 142 (nota)

V

Vestígios, 35, 40, 124
Violência contra a mulher, 137
Violência doméstica, 22 (nota)
Vítimas, proteção de, 39

* * *

GRÁFICA PAYM
Tel. [11] 4392-3344
paym@graficapaym.com.br